AF317548

COMMENT UN SOU

DEVINT

VINGT MILLE FRANCS

CE QU'ON PEUT FAIRE AVEC UN FRANC
HISTOIRE D'UNE POIGNÉE DE LAINE
HISTOIRE DE DEUX VIEILLES BOUTEILLES
LA FONDATION D'UNE RÉPUBLIQUE

PAR

E. TANNEGUY DE WOGAN

PARIS

LIBRAIRIE PLON

E. PLON, NOURRIT et Cie, IMPRIMEURS-ÉDITEURS
RUE GARANCIÈRE, 10

Tous droits réservés

Prix : 2 francs.

COMMENT UN SOU

DEVINT

VINGT MILLE FRANCS

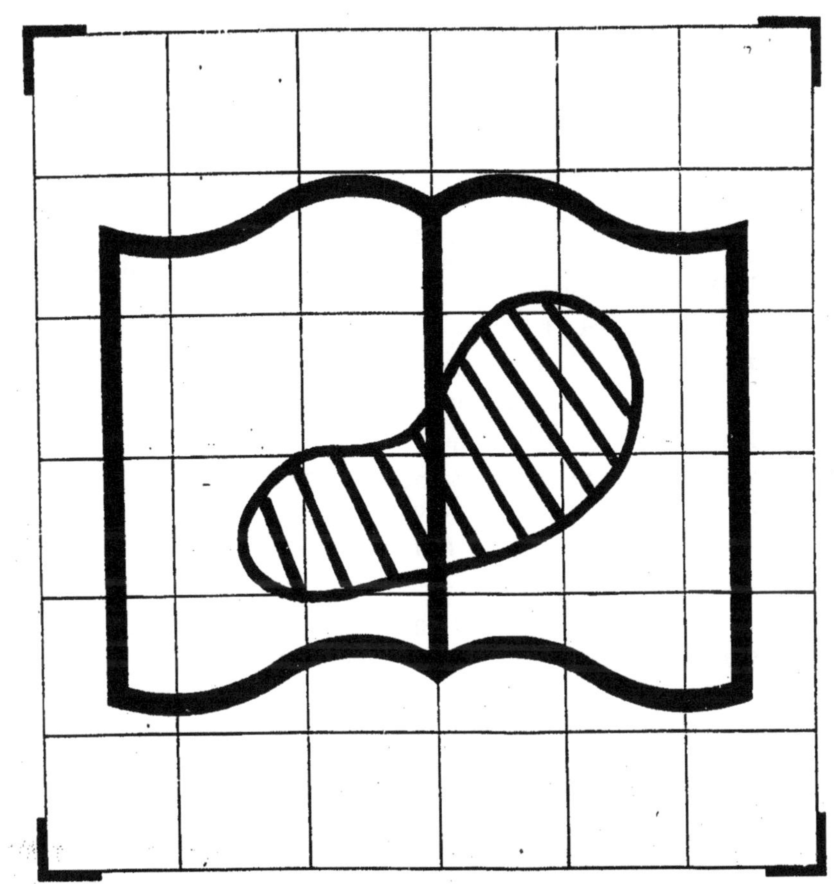

OUVRAGES DU MÊME AUTEUR

La Vie à bon marché, ouvrage accompagné de 5 menus et recettes culinaires. Prix : 2 fr. — E. Plon, Nourrit et Cie, éditeurs.

Les Budgets de 800 francs et l'épargne. — 60 cent. *Petit Journal.*

Le Bien-Être et le Pauvre, réformes politiques, sociales et alimentaires. — 50 cent. *Petit Journal.*

Le Moyen de vivre pour dix sous par jour, 9e édition. Prix : 1 fr. — E. Dentu, éditeur, 15, galerie d'Orléans, Palais-Royal.

Histoire de trois fortunes. Prix : 1 fr. — Roy, éditeur.

Eux et Elles. Prix : 1 fr. — Roy, éditeur.

EN LANGUE ANGLAISE

Success in life. — 1 volume.

French, how to teach it, how to learn it, hints to master and pupil. — Brochure in-8°.

THÉATRE

Eva, drame en cinq actes.

MUSIQUE

Le Qui-Vive, marche pour piano (jouée par la musique du 113e de ligne.) Prix : 2 fr. — Lissarague, éditeur, 10, rue Taitbout.

Notes, clefs et portées, ou la lecture à vue en trois mois. Prix : 2 fr. 50. — Lissarague, éditeur.

POUR PARAITRE SUCCESSIVEMENT

Conseils aux parents et aux instituteurs sur la manière d'élever et d'instruire les enfants. (Mémoire couronné par la Société libre pour le développement de l'instruction et de l'éducation populaires.)

Voyages du canot en papier le Qui-Vive et aventures de son capitaine.

PARIS. TYPOGRAPHIE E. PLON, NOURRIT ET Cie, RUE GARANCIÈRE, 8.

DE L'IMPORTANCE DES BAGATELLES

COMMENT UN SOU

DEVINT

VINGT MILLE FRANCS

CE QU'ON PEUT FAIRE AVEC UN FRANC
HISTOIRE D'UNE POIGNÉE DE LAINE
HISTOIRE DE DEUX VIEILLES BOUTEILLES
LA FONDATION D'UNE RÉPUBLIQUE

PAR

E. TANNEGUY DE WOGAN

PARIS

LIBRAIRIE PLON

E. PLON, NOURRIT et Cⁱᵉ, IMPRIMEURS-ÉDITEURS
RUE GARANCIÈRE, 10

Tous droits réservés

PRÉFACE

Mon livre ne s'adresse ni aux Rothschild, ni aux Pereire, ni aux Camondo. Il ne traite pas davantage de la Bourse, de la loterie ou du turf. Je suis convaincu, pourtant, que plus d'un capitaliste de la catégorie à laquelle je viens de faire allusion a agi d'après les principes que je vais exposer, ceux qui valurent à mes héros le succès.

Non, mon livre est celui des Jacques, Pierre et Paul des grands centres de l'industrie et du commerce; il s'adresse à tout homme, à toute femme qui possède un sou dont elle n'a pas besoin immédiatement.

Je me propose de faire de ces gens des capitalistes, des marchands, des agents de change; je veux les rendre tous plus riches, le soir, quand ils se mettront au lit, qu'ils ne l'étaient le matin quand ils se sont levés; mon intention de plus est que cet état de choses se renouvelle chaque jour avec autant de régularité que le lever et le coucher du soleil.

Je suis fermement convaincu de la praticabilité du système que je vais exposer; ce qui a réussi aux personnes dont je vais conter l'histoire réussira certainement dans les mêmes circonstances pour les autres. Il y aura peut-être de la différence dans le degré et la rapidité de la réussite; certains arriveront plus vite que d'autres; mais il est incontestable que tous réussiront, tous ceux du moins qui auront suivi fidèlement mes instructions.

Quant à ceux, assez heureux pour ne pas avoir besoin d'apprendre à se créer, avec un sou, un capital, mais qui cherchent le bien et désirent la vérité, cet ouvrage pourra leur être également de quelque utilité.

Ils reconnaîtront qu'il y a dans la législation ouvrière des lacunes à combler, des progrès à poursuivre.

En plus d'un projet relatif à la création de comités pour l'approvisionnement à bon marché des classes pauvres et en même temps l'encouragement *efficace* de la prévoyance, par des moyens nouveaux, ils y trouveront entre autres choses certaines réformes telles que : la suppression de l'appui légal au Crédit et l'Assurance par l'État, réformes sur lesquelles j'insiste d'autant plus que les améliorations qu'elles peuvent amener n'exigeront point de bouleversements.

Il y a lieu en effet de réformer ce qui est, de chasser les brocanteurs du temple et de créer enfin des institutions qui soient pour tous et au profit de tous.

Réformera-t-on? Oui, si on le demande, — non, si l'on continue à ne pas se plaindre de l'état de choses actuel.

E. TANNEGUY DE WOGAN.

A PIERRE MANGE-TOUT[1]

UN ENNEMI INTIME.

Pierre Mange-Tout est un ouvrier peintre, menuisier ou ferblantier, un petit employé ou un petit marchand, qui gagne vingt-cinq ou trente francs par semaine. Il a femme et enfants par là, dans une méchante mansarde, à un sixième étage quelconque. Les malheureux sont pauvrement vêtus, leur nourriture est plus qu'insuffisante, et la maladie est une habituée du foyer.

Pierre sent bien toute la dégradation de la vie qu'il mène, mais il ne peut la changer,

[1] J'ai des raisons toutes particulières pour placer dans cet ouvrage la Préface avant la Dédicace. Si j'avais agi autrement, Pierre Mange-Tout ne m'aurait peut-être pas lu, et de ma vie je ne me le serais pardonné.

l'estaminet est là qui lui barre le passage. Pierre, outre le défaut de cracher trop loin et d'éternuer trop bruyamment, est de plus affligé d'un sentiment exagéré de revendication de ses droits, et il se plaint, il crie à qui veut l'écouter, que lui et ceux de son acabit ne sont pas traités par la société avec tous les égards à eux dus.

Son expression favorite est : Sacredieu! un homme est un homme, après tout!

— Eh! oui, mon pauvre Pierre, certainement, un homme est et sera toujours un homme, cela de tout temps et en toutes circonstances; mais si tu as la prétention de te croire un homme excellent, un homme éminent, ou seulement un homme respectable, tu commets là, mon ami, grave erreur.

Tu te demandes, sans nul doute, ce qu'il y a dans la pauvreté, dans la misère, qui puisse rendre un homme moindre que tout autre?

Cette question a déjà été posée par un

grand poëte : la pauvreté seule ne saurait déprécier qui que ce soit, rien n'est plus évident. Un homme est un homme, celui-là du moins qui en dépit de sa pauvreté a su se gagner l'estime de ses semblables; mais toi, mon pauvre Pierre, tu n'es pas seulement un homme pauvre dans le sens du poëte, c'est-à-dire un honnête homme écrasé par le fardeau de l'indigence, tu es un homme pauvre, mais rendu tel par des folies de ta part qui t'ôtent tout titre au respect.

Donc, cette noble assertion du poëte avec laquelle nous sympathisons tous, parce qu'elle proclame si hautement cette grandeur inséparable de l'homme de bien, dans quelque situation de fortune qu'il se trouve, ne s'applique nullement à toi. Tu te fais illusion, mon ami; mais comme après tout il se peut qu'il y ait en toi encore un brin de bon, je vais essayer de te faire voir ce qu'il en est.

— Un homme pourtant est un homme,

ventrebleu ! s'écrie Pierre, qui s'est tourné vers ses camarades d'estaminet, dont il recherche l'approbation.

Mais ces derniers, déjà assis, s'apprêtent à faire silence ; ils sont curieux d'entendre le *per contra.*

— Sans aller plus loin pour le moment que ton extérieur, Pierre, mon avis est que la décence seule devrait te défendre de faire usage de l'assertion du poëte. Tu es sale de ta personne, tes vêtements sont en guenilles, et tu as l'air parfaitement satisfait de te savoir assis dans un sale endroit que tu rends plus sale encore, à mesure que tu y restes. Il conviendrait davantage à un des animaux les plus dégoûtants de la création de faire ce que tu fais, qu'à toi, un homme. Si tu disais : « Un porc est un porc, après tout », je n'aurais rien à dire ; mais en ma qualité d'un de ceux que Dieu a placés sur la terre pour la gouverner, je proteste contre cette assomption de ta part du titre d'homme.

Nous n'en sommes cependant pas encore au pire. Tu as au logis femme et enfants, et au lieu d'être bon pour eux comme un simple sentiment d'humanité semblerait t'en faire un devoir, tu les plonges dans la misère la plus grande, tu es dur envers eux, tu dépenses en boisson et autres débauches cet argent qui leur procurerait le bien-être, et tu les oublies complétement, dès que tu as en vue la moindre jouissance personnelle. Comment peux-tu, malgré tout, te considérer comme un homme? Ta solde, bien ménagée, suffirait pour te procurer, à toi et à ta petite famille, le bien-être. Tu préfères cependant, et quoique le résultat de ta conduite soit si désastreux, persister dans l'usage dégradant que tu en fais. Une conduite si contraire au bon sens ne saurait être d'un homme, car l'homme est essentiellement une créature sensée. Tu n'as donc, encore une fois, aucun droit à la maxime du poëte. En somme, et pour tout te dire, comme tu ne montres dans ta conduite habituelle ni sentiment humain, ni raison, j'en dois conclure que tu as à peine le droit de te qualifier du nom d'homme.

— Chut!!! attends un peu, je n'ai pas fini, Pierre.

Tu te vantes souvent de ton importance comme ouvrier, comme travailleur enfin, par rapport à d'autres classes de la société. « Que seraient-ils sans nous? » dis-tu? Tu as raison là, en ce qui concerne les véritables travailleurs du moins, et personne ne songe à le nier; mais considère un peu ta conduite comme membre de cette respectable corporation. Le résultat de ta conduite a été de placer les tiens dans une position si précaire, qu'ils ne sont que trop heureux d'accepter des mains de ces personnes mêmes pour lesquelles tu professes un si profond mépris, nourriture, vêtements, soins de médecin. Que tu viennes toi-même à tomber malade, et tu auras à aller à l'hôpital. Que tu viennes à mourir, ce qui peut t'ar-

river d'un jour à l'autre, ta famille n'aura
d'autre soutien que la charité des gens que tu
vilipendes ; car tu n'as pas épargné un sou
que tu lui puisses laisser. Toi, un homme,
malgré tout? Quelle dérision! Tu n'es qu'un
esclave qui, de sa liberté perdue, a conservé
ce seul privilége, celui de se faire un mal
infini : maître de toi-même, héritier d'un legs
maudit! Mais la condition d'un esclave, elle-
même, serait plus respectable que la tienne ;
car ce que l'esclave reçoit des mains de son
maître n'est qu'une clause du contrat convenu d'exister entre eux, tandis que toi, tu
t'arroges les priviléges du travailleur libre,
et tu acceptes au même temps des charités
qui n'appartiennent qu'à la condition de
l'esclave.

— Attends encore un peu, sapristi! et
laisse-moi te donner mon opinion tout entière de toi, tu parleras ensuite si tu le juges
à propos. De fait, je sais ce que tu vas me
dire, et j'irai au-devant de ta remarque.

Tu te crois un malin, pas vrai, et tu t'imagines que tu as le droit de parler aussi bien que n'importe qui? Jolie histoire vraiment! Mais tu sais à peine signer ton nom! Tous ces moments de loisirs que tant d'autres travailleurs ont consacrés à la culture de leur intelligence, tu les as perdus dans la débauche. En dehors de ton métier que sais-tu? Ni *a* ni *b*. Tu possèdes, il est vrai, le talent de chanter passablement quelque sotte chanson quand tu te trouves en compagnie d'une bouteille de petit bleu et de mauvais garnements comme toi; mais tu n'as pas la moindre idée des lois qui régissent le monde physique ou de ces sciences d'expérience et de réflexion qui gouvernent les intérêts des hommes. Tu ne possèdes non plus aucun sentiment élevé ou de raffinement, aucun empire sur toi-même qui te permettent de t'associer à d'autres hommes ou de traiter avec eux d'aucune affaire, aucune aspiration vers le bien général qui puisse te tirer de l'ornière de tes mesquins intérêts et de tes sots préjugés.

Je ne dis pas que dans ton cas on eût pu s'attendre à te voir parler de parhélies et de parallaxes, en somme à rien de très-pro-profond ni de très-fort; mais tu aurais pu cependant être plus près de tout cela que tu ne l'es, et du moment que tu en es aussi éloigné, que pouvons-nous dire de toi, mon pauvre Pierre, si ce n'est que, n'ayant pris aucune peine ni fait preuve du moindre sentiment d'abnégation pour faire de toi-même autre chose qu'une brute ignorante et insouciante, nous nous voyons forcé de te considérer comme tel?

J'en suis fâché, j'en suis navré, Pierre, mais le fait est que te traitant même avec bienveillance, tu n'es qu'un être sans importance.

« Tu es aussi bon que les autres », as-tu dit?

Ceci, je le nie.

Un homme comme toi, un homme qui ne fait autre chose pour famille ou société que de ruiner la première et se rendre presque un fardeau pour la seconde, est loin d'être aussi bon que la plupart des autres. C'est avec orgueil que je réfléchis qu'il n'y a, en notre pays du moins, rien de dégradant, au contraire, dans le métier d'ouvrier, et que ces gens sont, en raison de leur position, aussi dignes d'estime que toute autre catégorie de personnes, mais toi, mon ami de la bouteille, criant à tue-tête et avec force jurons à la clef : « Un homme est un homme, quand même », ma remarque ne s'applique ni à toi, ni à aucun des tiens.

Hélas ! qu'en aurait-il été du monde où nous vivons, si chacun ici-bas avait été et était encore à l'heure présente tel que toi ?

Je frémis quand j'y pense. En premier lieu, tout le gain de la semaine se trouvant gaspillé avant le lundi soir de la suivante, ni maisons, ni routes, ni ponts n'existe-

raient, aucune provision n'aurait jamais été
faite à la belle saison en vue de la mauvaise,
rien partout que la pauvreté la plus abjecte
et la plus immonde. En second lieu, on
n'aurait jamais pu fonder aucune de ces
institutions si utiles, aucune découverte en
physique, nul progrès dans les arts, nul
avancement dans la moralité et le raffinement
n'auraient pu avoir lieu.

En vérité, mon cher Pierre, ta condition
présente, assis où tu es, cuvant ton vin en
compagnie de ces dignes camarades qui t'ai-
dent à rester dans tes folles illusions, est justement celle de l'homme au commencement
de la société, en un mot, celle d'un sauvage.
Tu n'appartiens pas à la civilisation, tu vis
dans la jouissance de ses avantages, mais sans
lui faire le moindre sacrifice, et si ce n'était
qu'il y a fort heureusement au monde des gens
meilleurs que toi, ce monde serait encore à
l'heure actuelle ce qu'il était lorsque le premier homme le foula au pied, — un désert.

— Un homme est un homme quand même, mordieu! et vous d'abord f....-moi la paix! s'écrie Pierre plein de rage.

— *La paix*, Pierre, mais je ne demande que cela, mettre *la paix* dans ton ménage, tel est le but de cet ouvrage, mon ami.

Encore un mot. Au temps jadis existait un bon et vieil usage, la dédicace, un moyen excellent pour l'auteur d'exprimer publiquement ses bons ou mauvais sentiments envers un homme. Comme tant d'autres choses, la dédicace a vécu. Pourquoi ne contribuerai-je pas à remettre à la mode un usage suranné, mais qui eut du bon, en t'exprimant ici la nouvelle assurance des sentiments de sincère commisération que je t'ai voués? Pierre Mange-Tout, je te dédie ce livre, au feu ne le jette que lorsque tu l'auras lu d'un bout à l'autre.

E. TANNEGUY DE WOGAN.

INTRODUCTION

Il y a dans la société des problèmes, des questions tellement hérissées d'épines, qu'il est impossible d'y toucher sans se piquer les doigts, et que cependant il faut savoir résolûment saisir des deux mains.

La mendicité est une de ces questions.

Au milieu de nos superbes rues, au sein même de nos plaisirs, apparaît le mendiant. Ses haillons et sa malpropreté font tache dans le riant tableau. La beauté et la splendeur de nos capitales, les grandes revues de troupes, les plus grands triomphes dans les sciences, les lettres et les arts viennent essuyer un reproche muet devant le pauvre hère qui regarde tristement cet étalage de richesses et d'exploits.

L'œil éloquent du malheureux ne semble-t-il pas dire : « Ah! dix-neuvième siècle, tu n'es pas meilleur que tes devanciers! Tu sais, j'en conviens, te battre et te réjouir, tu as colonisé le désert, tu as encerclé le globe dans des rails de fer et tu as mis autour de sa zone une ceinture de fils électriques; mais tu n'as su ni me nourrir, ni me donner des vêtements. Regarde, me voilà nu et affamé, tel que ton dix-huitième prédécesseur m'a laissé. »

Et le dix-neuvième siècle qui ne sait vraiment que répondre au suppliant, lui ordonne par l'organe pompeux d'un fonctionnaire habillé de noir et portant un grand sabre au côté, de circuler et de se retirer, où? il ne daigne pas le lui dire; mais honteux pourtant de sa dureté et avec des doutes en même temps sur le résultat de son aumône, il laissera subrepticement tomber des sous dans la main qu'on lui tend, et s'en ira à pas précipités, l'âme en proie à un sentiment de malaise, comme s'il venait de tricher sa conscience.

Voilà tantôt trois cents ans que nos gouvernements se débattent contre le paupérisme! Qu'avons-nous obtenu? Rien qu'un surcroît de criminels, une catégorie plus nombreuse de ces êtres qui consomment sans produire et qui reçoivent sans donner, une multitude de parasites, hommes et femmes, vivant inutiles sur le produit de l'homme laborieux et qui sont au corps politique ce que la vermine est au peuple et à ses habitations, se multipliant par suite de la même négligence coupable; une taxe, lourde, non-seulement comme droit des pauvres, mais lourde en vols, en police, en tribunaux et en prisons, et une armée de prostituées qui sont à la fois les victimes du vice et une tentation à l'immoralité. Et rien d'efficace n'est fait pour purger la société de ces éléments de dépravation, rien. La prison est le refuge, le séminaire du vol, le dépôt

de mendicité un encouragement au vaga-
bondage, une pépinière d'escrocs et de prostituées.

Si les hommes qui ont gouverné la France
n'ont pas su jusqu'ici se mesurer avec le
fléau, ni même empêcher chaque année
quelques centaines de personnes de mourir
de faim, en pleine métropole, la philanthropie
privée s'est montrée, elle aussi, bien impuis-
sante. Nos nombreuses sociétés charitables,
travaillant sans plan général, sans accord ni
autorité, dépensent annuellement des sommes
énormes avec peu de résultat. Elles viennent en aide à quelques personnes, elles en
sauvent quelques autres, mais le paupérisme ne diminue pas, et la majeure partie
de l'argent que nous donnons est gaspillée ou
dépensée de façon à envenimer encore les
plaies que nous devrions guérir.

On a préféré moraliser, a-t-on réussi à
rendre les pauvres meilleurs ? les a-t-on rendus plus prévoyants ? Nous savons que

maintenant comme par le passé, tous les six .ans la totalité des capitaux entrés dans la Caisse d'épargne en ressort sur la demande du sociétaire.

Ne voyons-nous pas aujourd'hui inscrits sur les contrôles de l'assistance publique les petits-fils des indigents admis aux secours en 1830, alors que le fils avait été en 1860 porté également sur ces tables fatales?

Nous énumérons sans cesse avec fierté les institutions destinées au crédit populaire ; on oublie de dire la lenteur de leurs progrès, l'insuffisance de leurs développements. La Caisse d'épargne a été fondée, en 1818, par François-Denis Feuchères. Plusieurs ministres, et notamment M. Duchâtel, l'ont vivement encouragée. Combien compte-t-elle en France de succursales sur trente mille communes, tandis qu'en Angleterre l'épargne populaire s'élève à plus d'un milliard?

Soixante années d'exercice n'ont encore donné qu'un nombre risiblement restreint

de déposants à la Caisse des retraites, et
95 0/0 de ces déposants déposent pour obéir
aux règlements des administrations qui les
emploient; 5 0/0 seulement se présentent
spontanément.

Les sociétés de secours mutuels, fort en-
couragées par le gouvernement depuis 1851,
ne comptent qu'un million environ de sociétaires, tandis que l'Angleterre a plus de trente
mille *Friendly Societies*.

Plus nous moralisons en vérité, plus le
mal empire. La valeur moyenne des dons et
legs charitables, qui avait été de 121 millions 498,220 francs de 1850 à 1865, a
été de 314 millions 343,984 francs de 1865
à 1880.

On a préféré moraliser, et la mendicité
est devenue générale. Des mendiants des
deux sexes, étrangers aussi bien qu'indigènes et de toutes les catégories, mendiants
classiques, mendiants mystérieux, mendiants à imagination, ces derniers, les poëtes,

les protées de la gueuserie, parcourent le pays, réquisitionnant, pillant lorsque l'opportunité de piller se présente. Ils pullulent dans nos grandes villes, impudents dans leur persévérante importunité; de forts et robustes mendiants qui ont fait de la mendicité une profession, une imposture organisée à un tel point, qu'elle a son gouvernement, sa police et son journal à elle. Chaque mendiant en effet a sa liste de gens charitables, donnant depuis cinquante centimes jusqu'à dix francs, liste achetée par lui le matin à un autre industriel et payée en raison de la catégorie de gens qu'il va exploiter dans la journée; sa station, sa ronde à lui avec son droit de succession et d'avancement, tout comme dans les autres gouvernements. Il y a des batailles pour décider les conflits, et l'on voit souvent une bonne station, une marche d'église donnée en dot ou laissée en héritage. Non-seulement leur impudence et leur bruyante importunité sont sans bornes;

mais ils ont encore recours aux arts les plus diaboliques et aux crimes les plus horribles dans la poursuite de leur infâme métier. Ne les a-t-on pas vus mutiler et exposer ensuite leurs propres enfants dans le but d'extorquer aux gens charitables leur aumône?

Nos paysans commencent à subir l'influence démoralisatrice produite par tant de honteux exemples. Ne les voit-on pas souvent abandonner leur travail aux champs pour aller sur la grande route demander l'aumône au touriste, au voyageur?

Nos salaires eux-mêmes, ainsi qu'on peut le voir, du reste, en d'autres pays que le nôtre, où des hommes se garnissent le gousset par des procédés, lesquels, lorsqu'ils sont devenus habituels, cessent de paraître honteux et infâmes, nos salaires, je le répète, sont souvent basés sur un calcul de la somme que l'on pourra y ajouter par des gratifications.

Il n'y a pas de doute que la vanité a plus

à faire avec tout cela que la charité pure, et que des milliers de gens donnent depuis des centimes jusqu'à des louis pour s'acheter des obséquiosités qui seraient chères à moitié prix.

L'étranger, l'Américain surtout, accoutumé à un pays dans lequel on peut voyager pendant des centaines de lieues sans jamais voir une main tendue pour recevoir la charité, sans jamais rencontrer un homme qui ne se croirait humilié, insulté, par l'offre d'un *cent* qu'il n'aurait pas gagné, se sent pris de dégoût à ces assauts continuels que l'on fait sur sa menue monnaie en ce pays, le nôtre malheureusement, où même les garçons d'hôtel, des employés dans nos gares de chemins de fer et des domestiques de grande maison, grassement payés déjà, s'attendent encore à des gratifications.

Que dire aussi de cette tendance à vivre aux dépens d'autrui au moyen de places, priviléges et faveurs arrachés par l'intrigue ou des sollicitations à l'autorité publique?

1.

Ne constitue-t-elle pas une mendicité aussi perverse et beaucoup plus nuisible que la mendicité des rues? Sa généralité déshonore notre pays, en même temps qu'elle nuit immensément à son avancement et au progrès sous tous les rapports, et il serait temps que ceux aux dépens desquels cette misérable tendance s'exerce comprissent enfin la nécessité de flétrir cette lèpre morale assez énergiquement pour en arrêter la propagation.

A l'état de choses que je déplorais tout à l'heure : l'imprévoyance de nos classes pauvres, on a proposé comme remède, à deux ou trois reprises déjà, et j'ai proposé moi-même, le *versement obligatoire*, c'est-à-dire l'obligation pour les ouvriers d'abandonner une portion de leur salaire pour s'assurer une indemnité en cas de maladie et une retraite à un âge donné.

On a cru devoir refuser le principe du versement obligatoire. On a eu tort, je crois, cela dit en passant; CAR CE N'EST PAS LA CE QUE

J'AI A PROPOSER, et c'est donc tout platoniquement qu'en défense de ce principe de la retenue obligatoire, je me hasarderai à poser cet axiome, que : prendre des mesures de prévoyance raisonnables contre la maladie et l'inévitable faiblesse et les infirmités de la vieillesse, est le devoir de tout homme qui jouit de la force et de la santé, et qui peut gagner par son travail quotidien un salaire qui lui permet de prendre cette mesure prévoyante.

J'appelle ceci un axiome, parce que pour tous les hommes cette vérité est évidente, et que tous les hommes sans exception l'admettent.

On conviendra que dans notre chère France, et malgré le goût de l'épargne qu'on lui attribue, ce devoir, si universellement admis, est passablement négligé de tous, par les classes laborieuses surtout. S'il ne l'était pas, la Caisse d'épargne s'en ressentirait; or nous savons à quoi nous en tenir.

L'immense masse de nos travailleurs est encore plongée dans cette imprévoyance fatale qui engendre continuellement la misère ; la plupart vivent au jour le jour, s'appuyant sur cette théorie que, dans le cas où ils se trouveraient à jamais réduits à l'indigence, la charité est là qui ne leur fera pas défaut.

Conseillez-leur l'économie ? Ils vous répondront : *Ah ! plus souvent que j'économiserais. Et pourquoi, mon bon monsieur ? Et l'Assistance publique ? et les riches ? On ne nous laissera pas mourir de faim, bien sûr ! Et quand bien même nous gaspillerions en six mois de temps une somme d'argent qui suffirait pour nous garantir de la misère dans nos vieux jours, que nous importe ? Il n'y a pas de loi qui nous force à économiser si nous voulons gaspiller ; mais il y en a une qui, dans le cas où nous viendrions à nous trouver dans le besoin, nous alloue une part dans les économies des autres. Ne serions-nous pas fous d'aller faire pour nous-mêmes ce que la loi a la bonté de faire faire aux autres pour nous?*

Un raisonnement semblable, surtout lorsqu'il est aussi fréquent, n'est-il pas honteux? Et cependant, qui peut les blâmer, ces gens? Ils ne font que suivre les enseignements de nos lois actuelles.

Que penser d'un gouvernement qui permet à une classe aussi nombreuse d'ignorer ainsi le premier devoir d'un bon citoyen?

N'est-ce pas un crime de lèse-politique des plus graves, que les gens soient encouragés, comme ils le sont, dans l'idée que plus leur gaspillage, leur sensualité, leur ignorance seront grands, plus grands seront leurs droits à l'aide et aux secours de leurs concitoyens?

Je suis certain d'avoir pour moi tout homme de bon sens, qu'il soit directeur de théâtre, auteur dramatique ou non, quand je dis que notre système actuel est injuste, et qu'il est vraiment temps que l'on fasse quelque chose pour forcer les imprévoyants à porter au moins une partie du fardeau dont ils écrasent certaines catégories de la classe prévoyante.

Tout ce que nous avons fait jusqu'à présent se borne à dire : laissons agir ces gens, laissons les prodigues livrés à leur liberté. Eh bien, cela ne conduit à rien, et c'est pourquoi l'on n'a pu arriver à assurer l'avenir du prodigue.

Si nos imprévoyants peuvent économiser et le veulent, montrons-leur comment ils doivent le faire. Mais s'ils le peuvent et ne le veulent pas, je comprends que l'on ait songé à les y contraindre.

Le seul moyen, en effet, d'empêcher l'imprévoyant de devenir l'ennemi social, c'est de l'amener à être prévoyant malgré lui. La classe à laquelle il appartient est une menace à la société, qu'elle finira par détruire si la société ne parvient pas à la détruire elle-même, alors qu'il en est encore temps.

Mais, me dira-t-on, c'est de la contrainte, du parentalisme, c'est une tyrannie, c'est une atteinte à la liberté individuelle, ce que vous nous proposez là.

La liberté individuelle, je la respecte autant que quiconque. Ma prévention contre l'intervention de l'État dans les affaires privées est aussi forte que celle de n'importe qui. Cependant cette intervention est juste quand elle est faite sans un parti pris de se mêler des affaires, et seulement pour remédier à de graves abus auxquels on ne peut parer d'aucune autre façon.

La liberté individuelle, au reste, ne consiste pas à faire ce que l'on veut, mais à pouvoir faire ce qu'il faut vouloir, et à n'être pas contraint de faire ce qu'il ne faut pas vouloir. (Montesquieu.) Pour ce qui ne concerne que lui, l'indépendance de l'individu étant, de droit, absolue sur son corps et sur son esprit, l'individu étant souverain, mais le même individu étant justiciable de

la société en ce qui concerne les autres
(Stuart Mill), la soumission à telle ou telle
règle est loin d'impliquer, dans tous les cas,
une privation, et même une diminution de
réelle liberté.

Vous voyez parfois des gens parler à voix
basse et en tremblant du danger de toute
intervention de l'État avec la liberté de l'individu. Mais c'est parce que ces gens ignorent
ou veulent ignorer que cette liberté, qu'ils
considèrent comme un *palladium* sacré, n'est
et n'a jamais été qu'un mythe creux, et que
le fait de l'invoquer en opposition à une amé-
lioration sociale n'est qu'un battement de
grosse caisse qui peut, il est vrai, pendant
un certain temps, couvrir la voix de l'ora-
teur, mais qui ne pourra jamais, cependant,
altérer la vérité de ce qu'il avance.

On pourrait considérer ce que je viens de
dire comme une réponse sans réplique à ceux
qui plaident la liberté individuelle en opposition à toute réforme ayant pour objet de

contraindre les gens à ce que tout le monde s'accorde à reconnaître comme un devoir *personnel*; mais que ceux qui s'opposent à ce versement obligatoire me répondent, je poserai encore une question à ces défenseurs si scrupuleux de la liberté privée.

Quelle est la plus grande atteinte à la liberté du sujet : rendre prévoyant B..., qui est un prodigue, en le forçant à l'être si cela est nécessaire, ou forcer A..., qui est directeur de théâtre ou qui donne des concerts et qui économise déjà pour ses enfants, à mettre aussi de côté pour B..., en l'y forçant, comme cela se fait actuellement?

Tout homme sensé reconnaîtra que le traitement proposé pour A... est une atteinte à la liberté bien plus grande que celui de B...

Il faut bien en convenir, en effet, une contrainte terrible existe à l'heure qu'il est; mais cette contrainte, on l'exerce sur ceux qui ne la méritent pas, cela au grand détriment des gens prévoyants et à la ruine morale des imprévoyants.

Le principe du versement obligatoire est juste, politique et praticable, mais on le refuserait encore une fois, on le refusera toujours, me répondra-t-on.

Je pourrais demander à ces gens quel droit ils ont de supposer, reconnaissant surtout que ce principe est juste, politique et praticable, que leurs concitoyens auront moins de discernement qu'eux-mêmes et le repousseront; mais j'aime mieux exposer tout de suite une nouvelle proposition, dont je n'ai pas dit un mot encore.

Il y a une observation que j'ai été à même de faire souvent, que vous pouvez faire vous-mêmes : c'est que plus on est pauvre, plus on paye cher les objets de première nécessité.

En effet, celui qui est forcé d'acheter constamment chez le petit détaillant, parce qu'il n'a pas le moyen de faire des provisions, se trouve dans cette position injuste de payer beaucoup plus cher que celui qui peut acheter en gros.

Le résultat le plus ordinaire de cette nécessité est que, forcé avant tout à l'économie, il n'use le plus souvent que des denrées de mauvaise qualité.

Ne serait-il pas de notre devoir de faire cesser au plus tôt un état de choses aussi intolérable?

De l'adoption des mesures que je vais proposer résulterait une économie pour l'État et pour le pays tout entier, l'abolition presque complète d'une taxe lourde; lourde, ainsi que je l'ai déjà dit, non-seulement comme entretien des pauvres, mais lourde en vols, en police, en tribunaux, en prisons, et que l'on peut évaluer, sans hésitation, à une centaine de millions par an, et l'on ne verrait plus, comme à l'heure actuelle, les hôpitaux encombrés de malades affectés de maladies chroniques causées par une nourriture malsaine et insuffisante et l'usage de boissons dont chaque goutte, on peut le dire, est un clou de plus enfoncé dans le cercueil de celui qui en fait usage. J'ajouterai que l'adoption des mesures que je vais proposer *ne grèverait en rien le Trésor public.*

Certes, voilà des considérations qui me semblent suffisantes pour justifier une réforme qui touche à des intérêts aussi sacrés.

Considérant donc combien il importe de mettre un terme à la situation fâcheuse et injuste faite aux classes pauvres, je proposerais l'organisation, dans toutes les villes de France, de *comités pour l'approvisionnement à bon marché des classes ouvrières et généralement des personnes peu aisées.*

Les fonds nécessaires à l'approvisionnement d'un mois seraient fournis par la perception de l'arrondissement, du canton ou de la commune, et les comités seraient tenus de rembourser les emprunts dans un bref délai.

On achèterait en gros toutes les denrées nécessaires à l'alimentation *susceptibles de conservation*, ce qui permettrait d'acquérir à prix réduits; on ferait venir directement la marchandise des lieux de production, et l'on éviterait ainsi les frais et les bénéfices des intermédiaires, aujourd'hui si considérables dans les grandes villes. On achèterait au comptant, ce qui permettrait de jouir de l'escompte. Les denrées seraient vendues au comptant aussi, ce qui épargnerait bien des pertes subies par le commerçant et supportées en définitive par le consommateur; on vendrait au prix de revient, majoré du nombre de centimes nécessaires pour couvrir les dépenses occasionnées par l'emmagasinage et les salaires des employés affectés à l'établissement.

Les locaux du comité seraient pourvus de tous les instruments nécessaires pour se garantir des altérations spontanées et des adultérations frauduleuses.

Cette considération, en vérité, est importante à un moment où les expériences faites dernièrement au laboratoire municipal de Paris nous prouvent, ainsi que le disait tout dernièrement un de nos journaux les mieux informés, que quatre cents fois sur cinq cents en moyenne, nous sommes empoisonnés par les fournisseurs, cinquante fois trompés sur la qualité de la marchandise, que nous voyons qu'il y a si peu de raisin dans le vin, si peu de jus de pommes dans le cidre, que la farine est falsifiée, le café imité avec toutes sortes de choses, le poivre mêlé de poussière et de balayures, qu'on trouve le moyen de faire du lait sans vaches et du beurre sans crème.

Certes, voilà une loi qui, si elle était votée, ne pourrait manquer d'être populaire. Eh bien! tout en étant une loi populaire, une mesure excellente, qui, ainsi que je le disais tout à l'heure, ne grèverait en rien le Trésor public, elle peut devenir pour l'État un puissant moyen de défense contre les imprévoyants, une économie d'un nombre incalculable de millions pour le pays.

Pour cela il suffit d'ajouter à cette loi l'article suivant : *Seront seules admises à se fournir aux comités d'approvisionnement, les personnes à même de produire : 1° une quittance prouvant que leur loyer est inférieur à 500 francs; 2° un certificat de la Caisse des retraites, d'une société de secours mutuels ou de toute autre société, dûment autorisée, constatant qu'elles continuent de faire à la caisse de ces sociétés des versements suffisants pour leur garantir une indemnité d'au moins quinze francs par semaine en cas de maladie, d'accident ou de chômage, et une rente viagère d'au moins quatre cents francs par an, à partir de soixante-cinq ans.*

Montrez-moi l'ouvrier, l'ouvrière, l'homme ou la femme qui hésiteraient un seul instant à verser quelques francs par mois, six ou huit peut-être, dix tout au plus, *une faible portion des économies ainsi réalisées, somme qui, après tout, leur assure des secours en cas de maladie ou de chômage et une rente viagère à l'âge où ils ne pourront plus travailler,* pour profiter des énormes avantages offerts par les comités d'approvisionnement, avantages qui peuvent se chiffrer par une économie, pour les comestibles : de 100 0/0 sur les harengs saurs, de 157 0/0 sur le jambon fumé, de 60 0/0 sur les pommes de terre, de 115 0/0 sur le sel, de 62 0/0 sur le vinaigre, de 35 0/0 sur les vins, en moyenne 88 0/0; pour les combustibles : de 45 0/0 sur le bois, de 64 0/0 sur le charbon de bois, de 43 0/0 sur le charbon de terre, de 75 0/0 sur les fagots, en moyenne 57 0/0; pour les vêtements : de 55 0/0 sur les couvertures de coton, de 50 0/0 sur le coton écru, de 47 0/0 sur les gilets de laine, de 30 0/0 sur les blouses, de 31 0/0 sur les pantalons de velours, en moyenne 43 0/0. Bref, une économie d'environ 62 0/0 dans les dépenses pour la nourriture et l'entretien d'un ménage!!!

Mais si l'on se contentait de fournir deux ou trois seulement des articles ci-dessus, le vin, le charbon de bois et les harengs saurs par exemple, les économies réalisées dans l'achat de ces trois articles, d'un usage journalier, aux prix ci-dessus, ne suffiraient-elles pas, et au delà, pour fournir cette somme de 8 ou 10 francs par mois nécessaire à la garantie d'une indemnité en temps de chômage ou de maladie et d'une rente viagère?

A une date prochaine, je ferai déposer aux Chambres une proposition relative aux comités d'approvisionnement. Je ne sais s'il lui sera donné suite, ou si elle partagera le sort de tant d'autres propositions de ce genre, faisant appel à l'initiative et au bon vouloir de l'État, ni, si mon projet de loi était voté, au bout de combien de temps les habitudes invétérées et les lenteurs de l'administration française si contraires à tout acte de salutaire énergie, permettraient l'application de cette mesure; mais ce que je sais, c'est que je travaillerai avec ardeur, avec acharnement, pour qu'elle aboutisse par l'État ou avec le concours des gens riches et intelligemment charitables du pays; car je la considère comme un moyen pratique de lutter avec quelque chance de succès contre le paupérisme qui nous envahit, et je ne suis pas le seul. Tous ceux à qui j'en ai parlé regardent cette mesure comme une justice, comme un bienfait; cette loi, comme une loi juste, politique et praticable, profitable à tous, au riche comme au pauvre, à l'État aussi bien qu'au particulier.

La prévoyance, en effet, rendue par ce moyen, obligatoire, pour ainsi dire, aurait pour résultat de rendre aussi l'assistance beaucoup plus facile; car elle diminuerait énormément le nombre de nos indigents officiels. Lorsque la société n'aura plus que de vrais nécessiteux à secourir, elle pourra assister avec efficacité tous ses pauvres. Et quand on pourra dire : tout pauvre est assisté, l'aumône, au lieu d'entretenir le paupérisme, le fera disparaître.

C'est alors que des mesures de répression, que je voudrais voir plus sévères que celles en usage actuellement, seront justes et efficaces contre les mendiants et les vagabonds, parce qu'elles ne pourront atteindre alors que des paresseux ou des criminels.

Il est de la plus grande importance, en effet, de savoir bien établir la différence entre la pauvreté et le paupérisme, car celui qui les confond déshonore la pauvreté et encourage le paupérisme. Venez en aide à la pauvreté, elle disparaîtra. Faites-en autant pour le paupérisme, il n'en sera que plus confirmé. La pauvreté est un vase bon encore, mais vide; le paupérisme est un vase qui est non-seulement vide, mais fêlé. La pauvreté est un appétit naturel qui ne demande qu'un peu de nourriture, le paupérisme est une atrophie vorace qu'aucune nourriture ne saurait apaiser. La pauvreté cherche à se guérir, le paupérisme n'a qu'un but, souiller et contaminer. La pauvreté souvent fait naître l'effort, le paupérisme est un archihypocrite. La pauvreté est naturellement fière, le paupérisme est tantôt servile, tantôt insolent. La pauvreté est silencieuse et réservée, le paupérisme est criard et plein d'imposture. Il y a de la reconnaissance dans la pauvreté, dans le paupérisme il n'y a que de l'ingratitude. Il y a quelque chose d'attrayant, de séduisant dans la pauvreté, le paupérisme ne mérite que notre dédain. La pauvreté, enfin, partage avec ceux qui la soulagent la bénédiction divine, le paupérisme, lui, n'a rien de commun avec les vertus chrétiennes.

Non, encore une fois, le remède à cette lèpre sociale, je ne le vois pas dans une augmentation du nombre de vos crèches, ni de vos salles d'asile, ni de vos sociétés de

patronage, ni de vos colonies pénitentiaires,
ni de vos dépôts de mendicité, ni de vos
bureaux de bienfaisance, ni de vos hospices;
je vous le répète, vous pouvez doubler tout
cela, tripler le droit absurde des pauvres sur
les spectacles, bals et concerts; vous pouvez
quadrupler le chiffre des allocations portées
au budget; vous pouvez quintupler le montant annuel des dons et legs, que l'impérieux problème de l'abolition de la misère
n'aura fait aucun pas de plus vers sa solution nécessaire.

Un Yankee de Massachusetts a trouvé le
moyen d'abolir le paupérisme en Bavière.
Qu'y a-t-il pour empêcher les mêmes résultats
d'être obtenus dans chacune de nos grandes
villes aussi bien qu'en Bavière? Quelques
cerveaux intelligents, quelques hommes de
cœur, et la main ferme et puissante du pouvoir
agissant pour le bien commun, voilà ce qu'il
nous faut. Pas besoin, on le voit, d'aucune
atteinte à notre liberté de citoyen français.

2.

Ce qu'un homme a fait, un autre peut le faire.

Ne trouverons-nous pas parmi nous quelque ministre, quelque député, quelque citoyen juste, noble et héroïque, qui fasse pour notre pays ce qu'à l'aide de moyens différents, c'est vrai, — mais ce qui importe peu, — un Yankee de Massachusetts a déjà fait pour la Bavière?

Un pays qui peut dépenser tant d'argent en armées, en flottes, en canons, pour la conquête de colonies d'une utilité problématique, va-t-il se laisser envahir et écraser par une nuée de mendiants?

Un chef sage et héroïque, où le trouverons-nous?

La Bavière l'a trouvé dans un aventurier venu de l'étranger.

La France a, dans ses aristocraties du génie et des parchemins, une abondance des meilleurs matériaux pour la conduite de toutes grandes, nobles et héroïques entreprises.

De même que c'est à la tête qu'appartient le contrôle des mouvements du corps, de même c'est au gouvernement d'une nation ou à ses classes dirigeantes qu'appartient la direction de toutes grandes entreprises.

Dans toutes sociétés, dans tous mouvements sociaux, il faut de l'ordre et de la subordination. Telle est la loi de toute organisation.

Partout il faut un pouvoir central qui préside, qui dirige et qui contrôle.

Dans chaque plante, dans chaque animal nous voyons une vie centrale. Le cerveau gouverne le corps, et le centre de la volonté gouverne le cerveau.

Lorsque cette autorité centrale est libre et énergique, et que tous les nerfs et tous les muscles obéissent à la volonté, c'est l'*action*, le mouvement ordonné et harmonieux, plein de force et de beauté.

Quand au contraire il y a maladie et désaccord, c'est l'action erratique et la distorsion, l'épilepsie, la chorée, la paralysie, de même que nous avons de l'agitation, du tumulte, des révolutions, la démoralisation sociale et le délabrement dans le corps politique.

Dans toute société, même parmi les animaux, il faut un chef. Un homme commande d'instinct, le reste obéit, d'instinct aussi. Les enfants dans leurs jeux viennent dans le même ordre.

N'y a-t-il pas à chaque bande d'ouvriers un contre-maître, à chaque bateau un premier rameur, à chaque bâtiment, depuis le plus infime canot en papier jusqu'au léviathan, un capitaine avec l'autorité incontestée et incontestable du commandement et prompte obéissance?

Toutes entreprises militaires, tous grands travaux d'aucune sorte dépendent pour leur succès de la perfection de la discipline, de la sagesse de l'autorité et du zèle de l'obéissance.

Chaque famille doit avoir son chef avec

ses enfants et ses serviteurs bien dirigés. Chaque école doit posséder les deux éléments de tout ordre social : l'autorité et l'obéissance, et aucune réforme sociale n'est possible, aucun mouvement philanthropique ne peut réussir sans l'autorité énergique, juste et sage dans ses chefs et entière subordination et fidélité chez tous les membres.

Nous avons devant nous des travaux héroïques à accomplir, l'harmonie à faire entrer là où règne le désordre. Pour ces travaux il nous faut des hommes qu'aucune fatigue ne saurait abattre, qu'aucune difficulté ne saurait terrifier, des hommes nés pour le commandement et possédant ces qualités d'esprit et de cœur, qui inspirent la confiance et savent attirer les dévouements.

Que les hommes ainsi faits se présentent ; il y a demande. . . . .
. . . .

En attendant le vote de la loi que je réclame, vote qui tardera peut-être, hélas ! je crois que l'on pourrait faire quelque bien en répandant *d'une façon sérieuse*, dans les départements et jusqu'au fond des communes, des notices qui feraient connaître les avantages des épargnes bien placées. Les exemples mis sous les yeux des ouvriers leur feraient voir ce que pourrait produire, dans un certain nombre d'années, l'épargne d'un, de deux, de dix sous par jour; quelle somme placée à tel âge pourrait donner l'assurance de ne recourir jamais à l'assistance publique; quelle mise doit faire une fois ou doit annuellement renouveler celui qui veut assurer à un enfant un établissement à un certain âge; combien un certain nombre d'individus réunis doivent placer pour s'assurer des secours en maladie et en convalescence; quelle épargne assure aux veuves de quoi subsister; enfin comment en abandonnant ses économies à la chance des mortalités on les rend profitables à d'autres familles que l'on préserve de l'indigence par son concours.

C'est dans le but de combler autant que possible cette lacune regrettable que je publie les quelques nouvelles qui composent cet ouvrage. Je les transcris comme elles m'ont été racontées, presque sans y rien changer, et en n'y ajoutant que peu de chose.

DE L'IMPORTANCE DES BAGATELLES

CE QU'ON PEUT FAIRE AVEC UN FRANC.

Il y a quelque temps, c'était vers la fin du mois de décembre, je rentrais chez moi, lorsque sur le boulevard Ornano je remarquai, sortant d'un des nombreux assommoirs qui abondent dans ces parages, un homme et une femme.

Un coup d'œil me suffit pour reconnaître dans l'homme un individu qui avait assisté à une discussion que j'avais eue quelques jours auparavant avec un nommé Pierre Mange-Tout, discussion au cours de laquelle, exaspéré et ne sachant quelle insulte lui jeter à la tête, j'avais fini par lui dédier mon livre.

3

Il était accompagné de son épouse, que je connaissais pour l'avoir vue employée à divers travaux chez moi.

Ces deux personnes parlaient assez haut, et, quoique peu curieux de mon naturel, par les quelques paroles qu'elles eurent le temps d'échanger entre elles avant que je les eusse dépassées, j'appris que le mari, qui venait de toucher sa paye, au lieu de rentrer chez lui, était allé, selon son habitude, la dépenser dans l'assommoir en question, et s'y était républicainement grisé. Sa femme, forcée de le venir chercher dans l'infect bouge en question, lui reprochait de dépenser aussi follement un argent durement gagné, et lui, trèsivre, faisait de son mieux pour se disculper envers sa moitié : « Allons, allons, après tout, je n'ai dépensé qu'un franc, ma bonne, c'est pas grand'chose, un franc ! Que veux-tu qu'un homme f… avec un franc ? » Telles furent les dernières paroles que j'entendis prononcer à cet ami de Pierre Mange-Tout.

Le ton d'ivresse et de dignité railleuse sur lequel ces paroles : « Que veux-tu qu'un homme f... avec un franc? » avaient été prononcées, fit qu'elles restèrent fixées dans ma mémoire. J'y pensai à plusieurs reprises au cours de la soirée, et le lendemain, au moment de me mettre à table avec un de mes amis, elles me revinrent une fois de plus à l'esprit. Je racontai à cet ami ce que j'avais entendu la veille et lui demandai ce qu'il en pensait. Il se trouva que nous fûmes bientôt du même avis, — ce qui nous arrive assez rarement, — et nous résolûmes d'expérimenter la chose ensemble, séance tenante.

A cet effet, j'ouvris une boîte carrée qui se trouvait sur la table, j'en retirai la valeur d'une demi-once de thé, je la jetai dans la théière, je l'arrosai ensuite d'eau bouillante et je me mis, en attendant que le thé fût fait, à songer aux voyages et aux aventures de cette demi-once de thé, depuis le moment où elle était sortie de terre dans les plantations d'Assam, jusqu'à celui où elle s'était trouvée dans ma théière.

Je vis d'abord en imagination un coolie, en train de récolter la feuille dans une plantation située à une vingtaine dé kilomètres environ de Gowhatty, chef-lieu de la province. Cette opération ne lui demanda que peu d'instants; il ne tarda pas à jeter cette feuille dans un panier où plusieurs autres l'attendaient déjà. Le panier rempli, un autre coolie vint le chercher et le porta au *tea house* (maison à thé). Là des femmes assamiennes commencèrent à rouler entre leurs doigts chacun des pétales préalablement à leur passage dans l'étuve, où devait avoir lieu l'opération si importante du *séchage*. Ces feuilles restèrent dans le séchoir sous la protection de gardiens jusqu'au moment où, l'opération du séchage terminée, elles furent placées dans des sacs, puis enfin sur une carriole traînée par un éléphant qui

les emporta vers Gowhatty, leur destination.
Il avait plu, les chemins n'étaient pas des
meilleurs, le voyage dura deux jours.

Arrivée à Gowhatty, ma demi-once de
thé fut portée à la maison d'expédition. Là
des emballeurs assamiens, qui avaient tout
d'abord préparé une caisse doublée en
plomb, la placèrent dans ce réceptacle, à côté
de quatre-vingts livres de thé de la même
provenance. Le couvercle fut ensuite soudé
bien solidement, afin que le thé, au cours
de son long voyage à destination de la
France, ne perdît rien de son arome; puis
d'autres coolies l'emportèrent sur le rivage,
pour attendre en cet endroit l'arrivée du
vapeur qui devait le charrier sur le fleuve
Brahmapoutra jusqu'à Calcutta.

Le thé arriva en cette ville quelques
jours après, sans encombre. A Calcutta,
la caisse qui renfermait mon thé, débarquée
sur le rivage, fut placée sous la garde d'un
marchand, et, après avoir passé par diffé-

rentes formalités et les mains d'une multitude d'agents différents, elle fut rembarquée sur un bâtiment à destination de Marseille, voie Suez.

A son arrivée à Marseille, un certain nombre de personnes fut employé au débarquement de cette caisse, que l'on finit enfin par déposer dans les docks. Là, elle fut vendue à un épicier en gros. Cet épicier en gros, après avoir fait payer par un de ses commis les droits réclamés par la douane, la revendit au marchand au détail à qui mon domestique venait de l'acheter.

Ainsi qu'on vient de le voir, ma demi-once de thé avait déjà contribué à procurer des moyens d'existence aux coolies et aux emballeurs d'Assam, aux matelots qui faisaient le service du bâtiment sur le Brahmapoutra, aux différentes agences de Calcutta, à pas mal d'hommes de peine; elle avait contribué aussi à payer les gages des marins qui formaient l'équipage du navire sur lequel elle était venue en France, les profits des courtiers, des épiciers en gros et au détail et de bien d'autres personnes encore, et pourtant elle était là, au fond de ma théière, et cela pour la modique somme de dix centimes. (Je dis dix centimes, parce que mon thé avait coûté chez l'épicier 4 francs la livre.)

Notre thé maintenant était fait, — plus que fait en vérité, puisqu'il s'était un peu refroidi pendant que je me livrais à toutes ces réflexions; — mon ami, privé de son breuvage favori, me lançait déjà des regards menaçants, il n'était que temps de le sucrer. Je m'apprêtai à le faire immédiatement.

— Combien mettrai-je de morceaux de sucre? Voyons, le sucre, mon ami l'aime assez, moi aussi. J'en mis deux morceaux.

Ce sucre était un produit de l'Inde occidentale. La canne qui l'avait produit en premier lieu, coupée en menus morceaux, avait été placée entre deux cylindres, afin d'en exprimer le jus. Ce jus, on l'avait laissé évaporer dans des chaudières, et l'évaporation terminée, le sucre déposé au cours de l'opération avait été expédié à Kingston. Un certain nombre de personnes avait été employé à placer ce sucre dans la cale du navire, et ensuite on avait payé l'assurance. Débarqué à Bordeaux, il avait été placé dans les docks, opération qui avait encore donné de l'emploi à bien des bras, à bien des machines. Des docks, il avait été transporté dans une raffinerie, et là on en avait fait du sucre en pains, que l'on avait ensuite vendu à un marchand au détail. Ce marchand, qui l'avait fait casser en petits morceaux, l'avait cédé moyennant finances à ce domestique que moi-même je payais pour le placer sur ma table.

Ce sucre, dont je venais de me servir pour sucrer mon thé, — deux morceaux environ, — avait donc contribué à payer les salaires des travailleurs nègres de la

Jamaïque, à payer les profits du planteur, à le dédommager des pertes causées par l'usure de ses machines et à payer les hommes qui l'avaient mis à bord du navire. A tout cela, il fallait encore ajouter le salaire des matelots pendant la traversée de la Jamaïque à Bordeaux, le salaire des travailleurs dans les docks, les profits du raffineur, ceux de l'épicier qui me l'avait vendu, que sais-je encore? Et pourtant il était là sur ma table, dans mon sucrier, et qu'avait-il coûté? un peu moins d'un sou, puisque le prix au détail est douze sous la livre.

Quant au lait, — je prends du lait avec mon thé, — quelles qu'aient pu être la dépense du fermier, les peines du garçon de ferme ou de la servante qui avaient trait les vaches à minuit ou à l'aube, pour que mon lait pût m'être apporté à huit heures du matin, et celles du laitier qui l'avait remis chez moi, il n'y a aucun doute qu'il y avait eu là aussi beaucoup de travail pour un sou. Ce travail, on en conviendra, était pourtant presque insignifiant, comparé aux merveilles accomplies par les sous que j'avais placés dans l'achat du thé ou du sucre.

Et maintenant, quelles sont les autres achats dont il faut que je tienne compte dans la dépense de ce franc?

— Ah! ces deux petits pains.

J'ignore si le blé qui a servi à les fabriquer a poussé en France ou dans le Far-West, s'il provient d'Odessa ou de quelque port de la Baltique. Supposons que ce soit d'Odessa, ce qui est très-probable. Le blé a poussé dans l'empire russe et a été expédié par steamer d'Odessa à Marseille, ville où dès son arrivée il a dû certes passer par bien des manipulations, par bien des mains différentes avant de se trouver dans le pétrin du boulanger parisien qui me l'a vendu. Pendant la nuit, ses aides se sont occupés de préparer la pâte, afin que les petits pains puissent être retirés du four à temps pour que je les aie chauds à l'heure du déjeuner. Le blé qui a servi à les fabriquer a donc fourni au cœur de la Russie de l'emploi au fermier et à ses garçons de ferme, aux marchands, à leurs commis et à leurs porteurs à Odessa; il a contribué à payer les profits de l'armateur, les salaires de l'équipage et de beaucoup d'autres employés, et pourtant, le voilà sur ma table, sous la forme de deux bons petits pains tout chauds, pour la somme de quatre sous, — pas cher, en vérité!

Nous avons encore ce bon beurre de Normandie là, tout près de nous. Je laisserai le lecteur s'imaginer les procédés multiples par lesquels il a dû passer, cet excellent beurre, depuis le moment où l'on a trait les vaches en Normandie jusqu'à celui où il s'est trouvé dans mon beurrier. Il y en a là pour vingt centimes, pas davantage, et cependant que de travail et d'intelligence ont dû être dépensés pour se les procurer! Chacune des personnes qui y ont travaillé a profité à son tour de la petite somme que mon domestique a placée dans l'acquisition de ce hors-d'œuvre.

Qu'avons-nous encore pour compléter le menu de notre déjeuner? Une boîte de sardines. J'en prends une et je la place sur l'assiette de mon ami. Ce poisson, pêché dans la Méditerranée ou dans l'océan Atlantique, a été porté sur le rivage. Arrivé là, il a été tout d'abord préparé, on l'a ensuite placé, entouré d'huile, dans une jolie petite boîte, sur laquelle on a soudé ensuite bien solidement un couvercle des plus coquets. Cette boîte a été en premier lieu vendue à un marchand en gros qui l'a envoyée à Paris. Arrivée en cette ville, nul doute qu'elle a dû passer par bien des mains avant de se trouver sur ma table. En véritable génie bienfaisant, j'ai fourni, moyennant une dépense minime, de l'ouvrage à de nombreuses industries. En effet, lorsque je comptais les sardines renfermées dans cette boîte, du prix de un franc, j'en trouvai vingt.

A côté de la boîte de sardines se trouvait un hareng. S'il me fallait décrire toutes les opérations par lesquelles avait passé ce malheureux hareng, depuis le moment où le pêcheur l'avait pris dans ses filets, jusqu'à celui où il s'était trouvé tout cuit à portée de notre fourchette, cela prendrait trop de temps. Qu'il me suffise de dire que si le hareng n'avait point exigé autant de manipulations différentes que la sardine, il n'en était pas moins résulté de grands profits pour bien des gens, assez en vérité pour porter l'auteur de cet écrit à supposer que M. Tanneguy de Wogan, mangeant son déjeuner : prix, un franc d'argent placé d'une façon aussi judicieuse, accomplissait ainsi un acte de philanthropie remarquable, qui lui vaudrait certes toute la gratitude de ses concitoyens. L'idée seule de savoir combien l'humanité tout entière me devait de reconnaissance pour ma sage philanthropie me tint, — mon ami, devenu un peu terne, ne causait que fort peu, — l'esprit occupé pendant toute la durée de mon déjeuner, et quand je me levai de table et que j'allai m'asseoir dans une chaise longue auprès du feu pour y parcourir mes journaux, je le fis avec ce sentiment de calme et de satisfaction intime que nous ressentons tous lorsque nous avons fait en secret une bonne action.

Quelques instants après, je réfléchis pourtant que je ne m'étais fait encore qu'une bien maigre idée de ma puissance bienfaisante et merveilleuse.

Parmi d'autres feuilles, se trouvait sur ma table le *Petit Journal.* A l'aide de cet intermédiaire j'avais la copie des dépêches télégraphiques arrivées à Paris pendant la nuit. Entre autres choses, le *Petit Journal* m'apprit le différend survenu dans le conseil des ministres au sujet du Tonkin; l'exécution à Galway des trois assassins de la famille Joyce; l'incendie de la gare de Menhaltan-Beach à Bay-Ridge sur la baie de New-York. Je lus ensuite un compte rendu très-intéressant de l'affaire de Montceau-les-Mines. J'y trouvai encore la liste complète des numéros sortis au soixante-dixième tirage de l'emprunt de 1865, liste que je consultai anxieusement, mais sans résultat, ce qui ne change rien à la chose. J'éprouvai une nouvelle déception, ce qui ne change encore rien à mon affaire, lorsqu'en lisant l'article suivant : *Petite Bourse du soir,* je vis que la Bourse, selon son habitude en ces temps de dépression commerciale, continuait à baisser. Si ces nouvelles n'étaient pas toutes ce que l'on peut appeler de bonnes nouvelles, il n'en est pas moins vrai, pourtant, que c'était là beaucoup de nouvelles pour un sou.

Je ne retrouvai mon sang-froid qu'après

la lecture du *Premier Paris*, par cet écrivain de talent, Thomas Grimm.

Je parcourus alors les comptes rendus de la Chambre, du Sénat et du Conseil municipal. J'appris le crime de la rue de Richelieu, la condamnation à mort de Lacoste, l'acquittement de Trachez, le naufrage de l'*Alliance*, qui était venue de Saint-Jean du Canada, l'arrestation du prince Kropotkine. J'appris encore que tous les épiciers vendaient le rhum Chauvet, que tous les pharmaciens vendaient les pilules suisses, que tous les libraires vendaient le *Moyen de vivre pour dix sous par jour*, la *Vie à bon marché*. J'appris cela et bien d'autres choses encore, et tout cela ne m'avait coûté qu'un sou. N'était-ce pas merveilleux?

Je pliai soigneusement le *Petit Journal*, et l'adressai entouré d'une bande et muni d'un timbre de dix centimes à une parente qui habite Pékin.

Respirons un peu maintenant, et voyons

où nous en sommes de notre petit compte.

Nous disons : Thé, dix centimes; sucre, cinq centimes; sardine, cinq centimes; hareng, dix centimes; pain, vingt centimes; beurre, vingt centimes; journal, cinq centimes; timbre, dix centimes; total, quatre-vingt-cinq centimes.

Il me restait encore quinze centimes à dépenser. Que ferai-je de ces trois sous? Les emploierai-je à une charité ou encore les garderai-je pour couvrir une partie des frais de mon déjeuner du lendemain?

A première vue, — comme vous, lecteur, je suis charitable, — j'aimais assez l'idée de l'aumône. Mais quand je réfléchis que la personne à qui je donnerais ces quinze centimes pourrait bien être un de ces mendiants hypocrites qui pullulent à Paris et dont quatre-vingt-dix-neuf sur cent sont des imposteurs, je craignis de faire par cette aumône plus de mal que de bien. L'idée de conserver cette petite somme pour payer une partie des frais de mon déjeuner du lendemain me souriait assez au point de vue économique. En effet, si pendant six jours j'en pouvais faire autant, le déjeuner du septième ne serait-il pas pour rien? — Non! toute réflexion faite, cet arrangement-là ne me plaisait pas. Il eût été égoïste en effet de repousser d'une façon aussi peu cérémonieuse la portion due à la charité. Je passai quelques instants à me demander s'il ne m'aurait pas été possible de me servir des trois sous qui me restaient d'une façon assez profitable, non-seulement pour me procurer beaucoup plus que la valeur d'un déjeuner, mais aussi me donner un surplus qui me permettrait d'envoyer un louis à une œuvre de charité où je savais qu'il serait fait bon usage de mon argent. Je résolus d'en faire l'essai.

Je plaçai dix centimes dans l'acquisition d'une carte postale, et j'envoyai cette carte postale à mon éditeur, l'informant de mon projet d'ajouter au présent ouvrage l'histoire que je vous narre en ce moment. Je lui contai un tas d'histoires plus ou moins vraisemblables tendant à lui prouver que ces quelques pages, ajoutées à mon ouvrage, aideraient matériellement à la vente d'un livre dont il pourrait dès lors augmenter le prix ; que le livre, augmenté de cette nouvelle, ne se vendrait que mieux ; que sais-je encore? Bref, il accepta. Par retour du courrier, — mon éditeur est un homme ponctuel, — je recevais de lui une lettre dans laquelle il me disait approuver complétement mon idée, mais me demandait de n'en pas changer aussi souvent, au dernier moment surtout, comme dans le cas actuel.

Je ne perdis pas une minute. J'envoyai immédiatement chez le papetier mon domestique, Jules Barbachoux, — dame, que voulez-vous, les noms, ça ne se commande pas, il n'en est pas plus mauvais serviteur pour cela, — où il se procura, moyennant cinq centimes, une quantité de papier amplement suffisante pour y écrire au long *ce qu'on peut faire avec un franc.* Il revint très-vite, selon son habitude; j'employai les deux heures suivantes à écrire ce que vous lisez en ce moment, et je fis porter le tout chez mon éditeur.

— Eh bien! me direz-vous, et après?

— Eh bien! à moins que je ne me sois beaucoup trompé, je toucherai pour ce surcroît de pages et par suite de l'augmentation dans le prix de l'ouvrage qui en est la conséquence, une somme suffisante pour me procurer un millier de déjeuners semblables à celui que j'ai fait ce matin, mille numéros du *Petit Journal* qui me donneront chacun d'eux les dernières nouvelles recueillies par des reporters de talent, et j'aurai de plus le moyen d'envoyer deux louis à l'œuvre de charité dont j'ai parlé plus haut, au lieu de quinze centimes. La lecture de mon journal terminée, je l'enverrai, comme je l'ai fait ce matin, à ma parente de Pékin, à une distance de quatre mille lieues de Paris, ce qui me donnera pour les mille journaux un parcours de quatre millions de lieues ou de seize millions de kilomètres.

Et maintenant, mon digne ami de Pierre Mange-Tout, réponds-moi franchement. La réalité n'est-elle pas souvent plus étrange même que le roman? Si tu n'es pas de mon avis, dis-moi où tu as jamais entendu un conte de fées qui ait renfermé quelque chose de plus merveilleux que l'histoire de cette pièce de vingt sous que je viens de te raconter.

Cette histoire te prouve l'importance de ce que l'on est convenu d'appeler, je ne sais pourquoi, des bagatelles. Puisse la morale que tu en déduiras avoir pour résultat de te faire prendre plus de soin de tes francs à l'avenir!

Où est l'homme, du reste, qui, à ce jour où nous savons que nos falaises crayeuses sont l'œuvre d'infimes animalcules, et que les mêmes travailleurs, en apparence si insignifiants, ont émaillé la mer d'îlots de corail, pourrait se hasarder à déprécier l'importance des bagatelles, des riens, des petits commencements?

« Il n'est pas, qu'on le sache, dans l'univers un mouvement qui, de proche en proche, ne coopère à la croissance d'une mousse. »

Qu'est-ce que le savoir humain, sinon une accumulation de faits découverts par les générations successives, ces petits brins de science précieusement conservés, réunis et se transformant enfin en un monument grandiose? Quoique beaucoup de ces faits et de ces observations aient pu paraître de peu d'importance à première vue, on n'en est pas moins venu cependant à discerner l'utilité éventuelle de chacun, ainsi que leurs joints respectifs.

Si nous feuilletons avec soin le livre de la vie, nous verrons qu'il en est de même là

que dans la nature, et qu'il n'est presque
pas de fait, d'événement, qui soit de lui-
même sans importance et que l'on ne puisse
mettre à profit alors ou ultérieurement. Un
grand écrivain nous a dit qu'il y a dans les
affaires des hommes une marée qui, prise
à son flux, conduit à la fortune. C'est très-
vrai; mais il y a aussi, se jouant à la surface de l'océan du temps, des courants que
l'on ne sent pas et des vents qui changent,
et celui-là surtout qui aura déjà su y piloter
sa barque avec habileté et courage reconnaîtra qu'ils sont tout aussi importants à
notre succès que le puissant flux de marée
lui-même.

Quelques-uns de mes lecteurs ont déjà,
sans aucun doute, eu l'occasion de remarquer de quels fils fragiles et ténus la trame
d'immenses fortunes a été tissée par des
mains habiles et énergiques qui ont su se
servir de moyens et saisir des opportunités
que l'indolent et le paresseux laissent échap-

per ou dédaignent de mettre à profit. Nous en citerons quelques exemples au profit de ceux qui n'auraient pas déjà eu l'occasion d'en faire la remarque. Une femme est l'héroïne d'une de ces historiettes, accordons-lui la préséance duè à son sexe, commençons par elle et montrons à nos lecteurs l'importance d'une poignée de laine.

HISTOIRE D'UNE POIGNÉE DE LAINE.

Eugénie était la fille d'un marchand de Marseille. Elle avait épousé, très-jeune encore, un officier catalan au service de don Carlos, et elle dut partager les fortunes de son mari à travers les phases désastreuses de la guerre civile, endurant des privations et affrontant des dangers qui sans doute étaient nécessaires pour la préparer physiquement et moralement aux dures épreuves

auxquelles le malheur allait bientôt la soumettre.

Dans une escarmouche de guerillas, M. L...
tomba frappé d'une balle. Son corps allait
être abandonné sans sépulture; mais l'amour
héroïque de sa femme ne put souffrir que
ce corps devînt la pâture des aigles et des
loups. Dans l'obscurité et le silence de la
nuit, elle lui creusa de ses mains une
tombe, tâche certes aussi pleine de périls,
sinon davantage, que celle de l'Antigone
grecque, car aucun Créon n'égala jamais
en barbarie la féroce soldatesque des deux
partis qui se disputaient la suprématie dans
cette guerre exécrable. Qu'un Christino venant à passer l'ait découverte dans l'accomplissement de sa tâche sacrée, et ni son sexe
ni sa nationalité étrangère ne l'auraient fait
épargner.

La fiction dramatique n'imagina certes
jamais situation plus horrible que celle-ci,
avec tous ses accessoires de scène sauvage,

4

la tristesse et les dangers de cette nuit sans étoiles, sans parler du désespoir de l'acteur principal, celui de l'infortunée qui de ses ongles délicats déchirait la terre pour y creuser le tombeau d'un être aimé. La tâche, cependant, s'accomplit en sécurité, et la pauvre mère put s'enfuir avec ses deux jeunes enfants à travers les solitudes des montagnes. Elle trouva enfin refuge dans un couvent en ruine, au sommet d'une colline aride, visitée seulement à de rares intervalles par les bergers qui conduisaient leurs troupeaux des vallées en bas aux pacages de la montagne.

Il serait difficile de s'imaginer situation plus triste et plus désespérée. La malheureuse femme était dénuée de tout, elle était absolument sans argent, et le seul bien-être que lui accordait la nature, c'était la présence d'une assez grande quantité de bois à proximité de son asile. La mère intrépide put donc en faire une certaine provision avant l'arrivée des froids. Elle offrit ensuite aux bergers de partager avec eux la garde de leurs troupeaux. En retour de ces services, elle recevait de l'un une croûte de pain, de l'autre quelques gouttes de lait pour ses jeunes enfants.

Les paysans, touchés enfin de sa patience et de son énergie, rapportèrent dans leurs familles les faits et gestes de la dame étrangère, et, poussées par la curiosité, les femmes, la prochaine fois qu'elles vinrent apporter la nourriture de leurs maris, demandèrent à voir la pauvre recluse.

Elle entra franchement en conversation avec ses visiteuses :

— Ce doit être une longue et fatigante course pour vous, les jours où vous avez à monter jusqu'ici; cela doit vous retarder beaucoup dans votre ouvrage?

— Oui, señora.

— Et vos cabanes isolées doivent être bien tristes, lorsque les maris sont absents?

— Oh ! oui, señora.

— Eh bien, si vous le voulez, je déblayerai le grand réfectoire, et vous pourrez apporter vos métiers et filer ici toutes ensemble.

L'offre, cela se conçoit, fut acceptée avec plaisir, avec enthousiasme. L'entière population féminine du village, accompagnée des enfants, s'assembla bientôt chaque jour dans l'immense salle. Ces femmes venaient au petit jour et ne s'en retournaient que tard, après le conte de la veillée. Le contraste entre la monotonie de leurs demeures et la vie du couvent dut leur être bien agréable. Ici, en effet, elles avaient de la lumière, un air pur et de la chaleur ; — le bois, nous l'avons dit, était abondant, — et elles avaient de plus la société de leurs compagnes.

A la fin de chaque semaine, les paysannes reconnaissantes présentaient chacune à leur hôtesse et bienfaitrice une poignée de laine filée.

Ce fut dans cette modeste offrande que notre intelligente Française trouva le moyen de tisser sa fortune. Elle descendait quelquefois à la ville voisine; elle y vendit tous ces petits ramassis, et, au bout de quelques mois, elle avait amassé une somme qui désormais lui permettait d'acheter aux bergers la laine à l'état brut. Elle échangea alors cette petite redevance hebdomadaire contre une heure de travail par semaine, et avant la fin de l'été elle se trouva, grâce à sa bonne administration et à sa persévérance, en possession d'un pécule qui, dès ce moment, lui permit de payer à ses travailleurs leur ouvrage.

A la prochaine tonte des troupeaux elle était devenue acquéreur de plus de la moitié de la laine produite durant la saison.

Son énergie et son talent remplirent de zèle et d'activité ses compagnes moins riches. Certaines maintenant d'un acheteur pour le produit de leur travail, sans avoir à

4.

le porter de l'autre côté de la montagne, elles filaient joyeuses sous son habile direction.

C'est surprenant, ce que l'élan d'une âme bien trempée peut produire de bons résultats! L'exemple de l'énergique jeune femme communiqua une activité nouvelle au travail des montagnardes, la prospérité ne tarda pas à régner au foyer de ces Arianes de la montagne, et au second printemps de son arrivée au milieu d'elles, madame L..., confiant à leurs bons soins ses jeunes enfants, réussit à gagner la frontière sous l'escorte de quelques bergers. Là, elle fut assez heureuse pour conclure avec un de nos plus grands lainiers un marché avantageux pour l'achat de tout le filage de l'hiver suivant.

En trois ans, le vieux couvent abandonné se trouva transformé comme par enchantement en une filature importante qui ne tarda pas à s'acquérir une renommée dans tout le nord de l'Espagne pour la grande finesse de ses produits, et devint ainsi une mine de prospérité et de bonheur domestique pour les pauvres montagnards qui avaient su trouver dans leurs modiques ressources le moyen de se montrer charitables envers son habitante désolée.

La fortune de madame L... augmentait chaque année. Elle devint millionnaire; elle possédait quatre filatures en Espagne et sept en France, sans parler de filatures de coton en Belgique. Par son énergie, sa prudence et sa bonté, elle força dame Fortune dans ses retranchements, et dans une poignée de laine elle sut trouver sa fortune, l'avenir de ses enfants et l'aisance pour ses nombreux travailleurs. Son rôle me semble en tout point le pendant de celui de la femme sage des *Proverbes,* et cela avec une ressemblance d'autant plus frappante que ce qu'elle fit, elle l'accomplit sous les influences et les préjugés de notre civilisation.

Dans la prochaine histoire, transportant mes lecteurs des Pyrénées au pays des palmes, je leur dirai un conte oriental, lequel, lorsque je l'entendis pour la première fois, me sonna aux oreilles comme un fragment des *Mille et une Nuits*.

HISTOIRE DE DEUX VIEILLES BOUTEILLES.

Il y a plusieurs années vivait, dans l'île de Bombay, un jeune *parsee*, un adorateur du feu. Il était un des plus pauvres de sa tribu; mais comme madame L..., son émule féminin de l'autre hémisphère, il était doué d'un jugement pénétrant et d'une énergie indomptable, et à ces bonnes qualités il ajoutait encore celle de posséder, lui aussi, un cœur noble et généreux.

Cet homme débuta dans la vie avec des ressources plus infimes qu'Alnaschar, le rêveur; car tandis que le héros des *Mille et une Nuits* possédait une bonne *corbeillée* de poterie, notre guèbre moderne ne possédait, lui, que deux vieilles bouteilles, dont une ébréchée au goulot.

Ces objets, dans l'Inde, avaient certainement plus de valeur qu'ils n'en auraient eu en Europe, à Scinde, par exemple, où, à l'époque de son occupation par nos voisins d'outre-Manche, une paire de poulets était l'échange reconnu d'une bouteille. Quoi qu'il en soit, le commencement, on en conviendra, était piètre pour un marchand. Notre *parsee* se défit pourtant avec profit de ses deux bouteilles, et il en racheta d'autres, qu'il revendit encore à profit, tant et si bien qu'il devint bientôt un véritable *bottle-wallah* [1].

Dans un pays où la nature pourvoit si abondamment aux nécessités de la vie de ses enfants, dans un pays où un panier de charbon et quelques poignées de riz forment toute la cuisine du pauvre, il est plus facile

[1] Marchand de bouteilles.

d'économiser que dans celui où des besoins sans nombre consument rapidement un argent durement gagné. Notre *parsee* accumula une si grande quantité d'*annas*, que ces *annas* ne tardèrent pas à devenir roupies; un beau matin enfin il se réveillait riche, comparativement.

Quelque temps après, une spéculation difficile ayant formé le sujet d'une discussion qui avait lieu en sa présence, et voyant avec sa sagacité instinctive le profit probable, il accepta sans hésiter l'offre faite en vain à un autre, et ainsi, car la spéculation fut des plus heureuses, il gagna 250,000 francs d'un coup de plume.

Dès ce moment, son élévation au pinacle de la fortune fut rapide.

On ne pourrait certes pas mettre le succès de cet homme sur le compte du hasard ou d'un simple caprice de la destinée.

Il étudia, afin de se mettre à la hauteur des exigences de sa nouvelle position. Il apprit la langue et parvint même à comprendre jusqu'à un certain point la politique commerciale des étrangers qui gouvernaient son pays. Il se montra assidu, intelligent et plein d'abnégation.

Un voyageur français, qui le visita dans ses vieux jours, nous dit qu'il possédait un revenu de plusieurs millions, fruit de son jugement profond et de sa persévérance, et il ajoute qu'il dépensait ses richesses avec autant de générosité qu'il les avait acquises par la pratique de l'économie.

Sa charité était sans bornes. En une seule année, il distribua en aumônes l'énorme somme de 2,250,000 francs parmi les Anglais et les indigènes nécessiteux. La reine d'Angleterre le remercia par une lettre autographe qu'elle fit accompagner de son portrait dans un cadre enchâssé de diamants et du cordon de chevalier de l'ordre du Bain, — ce dernier honneur d'autant plus insigne qu'il n'avait jamais été accordé à aucun

Oriental depuis Saladin. Il fit construire de nombreux hôpitaux. Plusieurs indigènes ayant péri dans le dangereux trajet de Bombay à Salsette, sa femme fit abandon de ses bijoux pour aider à la construction d'une jetée entre ces deux îles. Il ne sortait jamais qu'accompagné d'un domestique portant un sac de menue monnaie qu'il faisait distribuer aux mendiants qui accouraient en foule sur ses pas.

Ce fut, ajoute le même voyageur, alors que nous étions assis à sa table dans une *bungalow* [1] qu'il avait fait construire sur les collines du Kandallah et qu'il avait gracieusement mise à notre disposition pour une halte de quelques jours, pendant que nous faisions l'ascension de ces montagnes, que nous entendîmes pour la première fois l'histoire de cette fortune, et, en vérité, quand il nous arrivait de jeter les yeux sur ces splendeurs, ces richesses qui nous en-

[1] Villa.

touraient, l'histoire de ces deux bouteilles nous résonnait à l'oreille comme un conte de fées. La campagne, dans un cercle de plusieurs lieues, lui appartenait. Ces plantations de roses, couvrant des milliers d'hectares sur le revers des montagnes, n'étaient qu'une faible portion de ses biens; leur parfum enivrant, qu'une flagrante addition à ses monceaux d'or. Et le luxe de cette maison de campagne, ces meubles européens, ces chevaux magnifiques, ces porcelaines de Sèvres, cette vaisselle d'or et d'argent, cette armée de domestiques, ces mets succulents, ce n'était pas croyable, c'était merveilleux comme un conte peint par Véronèse.

Sir Jamsetjee, malheureusement pour les indigents, n'est plus de ce monde, mais le souvenir de ses bienfaits vit et vivra long-temps dans l'Inde.

LA FONDATION D'UNE RÉPUBLIQUE.

Je terminerai cet aperçu de petits commencements à grandes fins par l'histoire de certaine petite république, laquelle, quoique son histoire, — ancienne, — nous ramènera à quatorze ou quinze cents ans dans le passé, n'en a pas moins droit à une place ici.

Il n'est que juste, vu l'antiquité du récit, de dire qu'il y avait une fois certain paysan dalmate, de nom Marino, et de profession maçon, un digne et *honneste* homme, très-laborieux et d'une grande piété.

Cet artisan qui travaillait à la reconstruction de la ville de Rimini, se retira, sa tâche accomplie, dans une montagne du voisinage, et là, s'étant construit une cellule, il vécut dès lors la vie d'un ermite.

Sa piété et sa charité ne tardèrent pas à être remarquées, et la princesse de Rimini, à qui appartenait le terrain sur lequel il avait élu domicile, alla elle-même le visiter dans son ermitage. Elle revint toute charmée de sa piété, de son intelligence, et peu de temps après lui fit présent de la montagne haute et accidentée sur laquelle il s'était retiré, — ce qui, disons-le, n'était pas don si précieux, vu que le sommet de cette montagne qui allait se perdre dans les nuages, était recouvert de neiges éternelles.

Marino cependant, ou saint Marino, comme on avait déjà commencé à l'appeler, sut mettre à profit la montagne stérile. Il appela par devers lui tous ceux qu'il jugea dignes de partager sa solitude. Trente ou quarante paysans sans feux ni lieux répondirent à son appel et vinrent nicher dans son aire d'aigle.

Il ne leur enjoignit point une vie monastique, loin de là, il traça les plans d'une ville, il dirigea leurs travaux et les aida de ses conseils dans le défrichement des parties de la montagne qui étaient susceptibles d'une culture profitable. Certes, saint plus utile n'exista jamais. Comme la montagne ne renfermait pas de sources, il leur fit construire des citernes et des réservoirs immenses qui se remplissaient d'eux-mêmes à la fonte des neiges ou à la saison des pluies. On planta ensuite sur le flanc de la montagne des vignes qui produisaient un vin excellent, et le roc dénudé ne tarda pas à se transformer en une florissante colonie.

Saint Marino donna à ses concitoyens des lois justes et sages ; il vécut assez longtemps pour voir tous ses protégés heureux au sein de la prospérité, et lorsqu'il mourut, ces derniers, reconnaissants, en firent leur saint tutélaire ; une église fut bâtie en son nom et une statue érigée à sa mémoire.

Cette république en miniature continua ainsi pendant des siècles, libre et stable au milieu de tous les revirements dans le gouvernement de l'Italie, et Addison nous a transmis dans ses relations de voyages un portrait charmant de ce plus microscopique des États indépendants, où le corps gouvernant se composait de deux *capitanos,* décalques de consuls romains, avec cette différence qu'ils n'étaient élus que pour six mois, un commissaire ou homme de loi, un médecin et un maître d'école, où l'ambassadeur *riminois,* lorsqu'il visitait un État voisin, touchait au Trésor *un franc* par jour pour frais de représentation, où le peuple, enfin, avait les vertus de l'âge d'or, et honora pendant des siècles la mémoire du paysan qui avait donné asile à ses ancêtres et lui avait laissé en héritage la liberté et le contentement.

Que dirai-je de plus pour prouver davantage encore, si c'est possible, cette importance des petits commencements et, j'ajouterais, du progrès graduel?

Le chêne n'est-il pas le produit du gland? L'aigle ne doit-il pas l'existence à un œuf? Les ruisseaux ne sont-ils pas formés par des gouttes de pluie, les rivières par les ruisseaux, et les mers alimentées par les rivières?

La nature, notre meilleur maître, nous enseigne qu'en toutes choses le progrès graduel est préférable.

Elle n'admet ni la stagnation, ni l'ouragan.

Le chêne, qui vit des siècles et brave l'effort des tempêtes les plus terribles, n'est encore qu'un arbrisseau, lorsque plusieurs années déjà ont passé sur sa tête.

Le champignon qui pousse dans une nuit, ne résiste pas à une pichenette.

L'éphémère, qu'une matinée fait éclore, meurt avant la nuit.

Ne vous tenez pas coi comme le paresseux, ne vous lancez pas avec la témérité de l'aventurier.

Avez-vous vu jamais, lecteur, cet homme qui, débutant dans la vie avec les ressources les plus restreintes, devint riche cependant, par la pratique de la sobriété et de la prudence, du travail et de l'épargne, donna à ses fils et à ses filles une bonne éducation et leur fournit à chacun les moyens de s'embarquer sur les flots de cette mer orageuse que l'on appelle la vie, et lequel pourtant, lorsqu'il se sentit courber sous le poids des ans, put poser à terre ses instruments de travail, cela sans crainte de la maison d'indigence ou de l'Hospitalité de nuit? Avez-vous remarqué pendant combien d'années il bûcha d'arrache-pied, se souciant peu de faire parade d'un étalage d'apparences brillantes et creuses, mais portant sur la poitrine la croix de l'honneur le plus grand, continua ainsi jusqu'à la fin?

Cet homme-là, c'est le chêne, le produit du gland.

Vous avez dû aussi voir l'autre, cet homme qui, ayant débuté dans les conditions les meilleures, les plus favorables, n'ayant que peu ou point de soucis, devint encore si insouciant de ces soucis et si vain de sa prospérité que des nuages commencèrent bientôt à obscurcir son astre ; les pluies de l'adversité à détruire la texture fragile de ses ailes d'Icare ; ne l'avez-vous pas vu, cet homme, la plupart du temps finir sa carrière dans une misère des plus abjectes ?

Cet homme-là, vous l'avez deviné, c'est l'éphémère.

COMMENT UN SOU

DEVINT

VINGT MILLE FRANCS[1]

Je m'appelle Prosper Cinkétrois, j'aurais pu m'appeler Triplesept; mais cela ne change rien à mon histoire.

En l'année 1873 et par suite d'influences diverses qui agirent puissamment sur mes convictions, je fis l'entrée suivante dans un journal que je tenais alors très-soigneusement.

11 *février*. — Résolu de mettre un sou de côté et le plaçant à son meilleur avantage en dehors de mon commerce général, d'ajouter les profits au capital et de n'en rien déduire

[1] Je dois les principaux traits de cette histoire au livre anglais *How a penny became a thousand pounds*, qui, traduit, remanié et abrégé, a servi de cadre aux réformes que je propose et aux conseils que je donne au cours de ce récit.

jusqu'au moment où j'aurai accumulé une somme de 5,000 francs.

C'est ainsi que figurait cette entrée dans mon modeste journal, quand, en juillet 1874, je trouvai les progrès de mon sou si rapides et si satisfaisants, les idées que je m'étais formées sur ses aptitudes d'accroissement si bien confirmées, que j'ajoutai à mon journal le memorandum suivant :

20 *juillet.* — Mon sou prospère. Je m'engage donc à ne rien déduire de son produit que je n'aie accumulé 10,000 francs.

Et en l'année 1876, je reconnus que je m'étais si bien tenu parole et que ma résolution était si proche de son accomplissement, je me sentis si heureux, si encouragé par ces résultats, que je pris alors une audacieuse résolution et j'ajoutai l'entrée suivante :

15 *septembre.* — Ayant à l'heure qu'il est converti une pièce de cinq centimes en une somme qui s'élève à près de 8,000 francs, et reconnaissant que mes occasions de faire

cet argent se reproduire augmentent avec chaque sou que j'ajoute à mon capital, je prends la détermination de continuer à suivre le système que j'ai mis en pratique depuis 1873, jusqu'à ce que j'aie acquis une somme de 20,000 francs.

Voici comment j'en arrivai à prendre cette singulière détermination et les moyens par lesquels je l'accomplis.

Une gerbe de blé pendait au-dessus de ma cheminée. Je l'avais cueillie distraitement un matin, deux ou trois ans auparavant, comme je traversais le champ d'un voisin au moment de la récolte. La pauvre plante ne tarda pas à disparaître sous une épaisse couche de poussière. Un jour donc, pris de compassion, je la décrochai, je me rendis à mon petit jardin, je creusai un sillon, j'y éparpillai les épis de cette gerbe et je les recouvris ensuite d'une légère couche de terre.

Ces grains de blé ne tardèrent pas à donner signe de vie, et au retour de l'automne je restai extasié à la vue de toutes ces petites plantes qui devaient l'existence à une seule gerbe, elle-même le produit d'un seul grain, et je m'amusai à calculer à quel chiffre pourrait s'élever, dans un nombre d'années donné, le produit d'un seul grain de blé dont on aurait constamment ensemencé le produit entier.

Voici le résultat de ce calcul qui, arithmétiquement, peut-être faux, mais qui, en principe du moins, est parfaitement exact :

1re année : 1 grain produira 5 épis ou 250 grains ;

2e année : 250 grains produiront 1,250 épis ou 62,500 grains ;

3e année : 62,500 grains produiront 312,500 épis ou 15,625,000 grains ;

4e année : 15,625,000 grains produiront 78,125,000 épis ou 3,906,205,000 grains ;

5e année : 3,906,205,000 grains produiront 19,531,250,000 épis ou 966,562,500,000 grains.

Les chiffres se multipliaient si rapidement
que je me vis bientôt dans l'impossibilité de
pousser plus loin mes calculs; mais je les lus
et je les relus tant de fois qu'ils finirent par
se graver dans ma mémoire. Il m'arrivait
souvent de me surprendre me répétant à
moi-même leur total : un seul grain de blé
cultivé avec soin, et dont la terre reçoit le
produit entier, se multipliera en cinq ans au
total de neuf cent soixante-six milliards cinq
cent soixante-deux millions cinq cent mille
grains.

Le chiffre était devenu trop élevé pour
être bien compris; mais le tout résonnait à
mon oreille comme la voix de la Fortune,
m'exhortant à appliquer à quelque chose qui
m'enrichirait le principe que je venais de
découvrir. J'avouerai même que je pensais
tant et tant à ce calcul que j'en devins tout
surexcité, tout nerveux. Pendant mon sommeil je croyais voir des arbres fléchissant
sous le poids de fruits d'or, et à mon réveil

je me lamentais de ne pouvoir découvrir dans l'argent les mêmes germes de croissance que je venais de trouver dans le blé.

Tout entier à mes lamentations, je ne m'étais pas aperçu que je venais justement de découvrir ce que je me désolais de ne pouvoir trouver.

Bien des jours, bien des semaines s'étaient écoulées, je travaillais toujours à la solution de mon problème, quand un beau matin je me réveillai avec cette précieuse découverte que l'argent bien employé possédait des aptitudes de croissance et de reproduction tout aussi grandes que le blé qui venait de me donner une preuve si concluante de ses aptitudes de reproduction.

Comparons en effet entre elles les aptitudes de reproduction d'une pièce de cinq centimes et celles d'un grain de blé.

Un grain de blé se multipliera en une année à deux cent cinquante grains. Il nous faut maintenant déduire de la valeur de ce grain le fermage de la terre dans laquelle il pousse, le prix du travail des laboureurs et celui des machines qui préparent le sol à le recevoir et servent à récolter son produit lorsqu'il est arrivé à maturité.

Un grain de blé une fois ensemencé peut, dans des circonstances défavorables, ne jamais fructifier. Il peut périr dans le sol, un ver peut le dévorer, l'ouragan, lorsqu'il sera arrivé presque à maturité, le coucher à terre, et le cours de sa séve se trouvant ainsi arrêté, il pourrira à la surface.

Une pièce de cinq centimes intelligemment exploitée jouit de grandes aptitudes de reproduction. L'habileté qui préside à la conclusion des échanges peut à juste titre être appelée la science de sa culture. La société est le sol dans lequel elle prend racine, et les changements incessants, les besoins variés du public sont l'air et la pluie qui alimentent le sou et le font fructifier.

Les chances de destruction du sou sont

comparativement rares. Le vent et la grêle ne peuvent l'affecter, c'est à peine si le feu peut le détruire. Le voleur, il est vrai, peut vous l'arracher, de même que l'oiseau ou le ver se nourrissent avec le grain du fermier.

Un sou se reproduira en un jour, en une heure, plusieurs fois même dans une heure.

De la somme qui représente son produit, il faut retrancher les débours que nécessitent le commerce dans lequel il est employé, le loyer du magasin où se font les échanges, ainsi que la valeur du temps passé dans la conclusion de ces échanges.

Mais la grande perte dans les forces de reproduction d'une pièce de cinq centimes, c'est la tendance de son possesseur à gaspiller son produit à mesure qu'il entre dans sa caisse, lui retirant ainsi tout essor d'accroissement et de reproduction.

Si au contraire son possesseur, sage, met de côté une partie de chaque récolte pour la faire se reproduire même pendant son emmagasinage, de sorte que, qu'il soit au repos ou au travail, plongé dans le sommeil ou éveillé, cette partie de récolte ne cesse de s'accroître, alors il peut être aussi sûr de devenir riche que de mourir un jour.

Qu'on parcourt avec attention nos statistiques, on reconnaîtra que les deux tiers au moins de nos faillites peuvent être attribuées à un gaspillage de profits réalisés dans un commerce qui, souvent, donnait un rendement profitable. Voilà qui est vraiment surprenant et qui se heurte contre toutes les notions acceptées, que les hommes font généralement preuve de grande clairvoyance en tout ce qui touche à leurs intérêts.

C'est une vérité incontestable, à mon avis du moins, que celui qui gaspille de la main gauche ce qu'il récolte de la droite n'amassera jamais rien, que celui qui dépense autant qu'il récolte ne peut augmenter son bien, et que celui qui dépense plus qu'il ne récolte augmentera sensiblement sa pauvreté.

Comment se rendre compte de propensités aussi ruineuses? A quelles causes les assigner? Le sexe faible y serait-il pour quelque chose? Certes ce ne peut être que les hommes soient devenus si faibles que de permettre à une mesquine ambition d'étalage de jouets et babioles chères, de venir déranger l'équilibre des intérêts plus sérieux de leur commerce. Ce doit être le diable qui en est encore à ses vieux tours, travaillant à la décadence du genre humain et qui, ayant si bien réussi avec la première femme, essaye le même jeu avec ses filles.

Le gaspillage, un des mots les plus méchants sous lesquels une moralité dégénérée, un sentiment public radicalement faux et vicieux se déguise, est celui qui caractérise la conduite de certaines gens dénués de toute capacité financière. Un homme aimable, grand, large, généreux, un bon vivant, tout à fait incapable pourtant de diriger ses propres finances, un enfant enfin dans tout ce qui est du maniement de l'argent. Voilà ce que dit le vernis. Ce qui veut dire qu'avec un revenu de 5,000 francs il a persisté à en dépenser 10,000, ou qu'avec un revenu de 10,000 francs, il s'est arrangé de façon à en dépenser 20,000, selon son talent à faire des dettes et la crédulité des imbéciles qui se sont fiés à lui.

Voilà un vilain défaut qui tend tous les jours à s'insinuer davantage chez toutes les classes de la société. Qu'un homme soit affligé du talent de la dépense, et que son revenu soit de 20 francs par minute, de 20 francs par jour ou de 20 francs par semaine, ce revenu lui sera toujours insuffisant. Si les dîners, les soupers, les cigares et les femmes ne réussissent pas à produire cet état de choses, le jeu et les folles spéculations y réussiront bien certainement[1].

[1] On rencontre si souvent des gens d'une certaine éducation, voire même de talent, qui sont ignorants de toute vraie philosophie en ce qui a rapport au gaspillage, qu'il ne sera pas superflu peut-être d'en toucher ici quelques mots.

Mais, pour en revenir à notre sou et au sujet principal dont je m'écartais, le sou possède encore sur le grain de blé l'avantage

Les opérations économiques de la société nous offrent nombre d'exemples où les effets d'une cause consistent de deux systèmes de phénomène, l'un immédiat, direct, visible à l'œil du vulgaire et passant dans sa conception commune pour l'effet entier, l'autre largement diffus, plus profondément enfoui sous la surface, et qui est exactement le contraire du premier. Prenons comme exemple de ce que nous venons d'avancer cette notion si commune et si plausible à première vue de l'encouragement que donnent à l'industrie le gaspillage, le luxe.

A..., qui dépense son revenu tout entier et même son capital dans une vie luxueuse, a la réputation de donner de l'emploi à l'industrie, au commerce. B..., qui vit d'une petite fraction de sa fortune et place le reste dans les fonds publics, on le considère comme ne donnant que peu ou point d'emploi à l'industrie.

Chacun en effet voit les gains que réalisent les marchands, qui fournissent à A... les gages qu'il paye à ses domestiques, etc., pendant qu'il mange son avoir.

D'un autre côté, au contraire, les économies de B... passent aux mains de la personne dont il a acquis la rente, laquelle personne s'en sert pour payer quelque dette à son banquier, personnage qui prête cet argent à un marchand ou à un fabricant. Ce capital employé au payement du travail de fileurs et de tisseurs, ou encore prêté à des capitaines de navire pour le payement de leurs équipages, produit du même coup, non-seulement un emploi immédiat pour autant de capital que A... en aurait pu fournir dans tout le cours de sa carrière; mais cet argent de retour avec augmentation par suite de la vente des marchandises que l'on a fabriquées ou importées, crée pour ce capital un fond d'emploi beaucoup plus important et peut-être aussi une quantité plus grande encore de travail à perpétuité. Mais l'observateur négligent ne voit pas et conséquemment ne de pouvoir être multiplié sans risque et sans travail.

Une pièce de cinq centimes peut être doublée en quatorze ans par l'intérêt composé.

Un grain de blé se reproduira deux cent cinquante fois dans une année; mais la reproduction d'une pièce de cinq centimes, quoique certainement beaucoup moins rapide, ne nécessitera aucun travail, n'occasionnera aucune dépense, ne fera courir aucun risque à son propriétaire.

Mais le sou possède encore d'autres aptitudes de reproduction, aptitudes qui sont même supérieures à celles du blé.

Le sou peut se reproduire par le profit, par l'escompte, par l'intérêt simple, et cet intérêt simple jouit d'aptitudes de repro-

peut se rendre compte de ce que devient l'argent de B..., il ne voit pas ce que l'on fait avec celui de A..., il observe la somme d'industrie qu'alimente la prodigalité de H... et ne remarque pas la quantité bien plus grande qu'elle empêche d'alimenter. De là le préjugé, il n'y a pas si longtemps général, et même à l'heure qu'il est pas entièrement abandonné par des gens d'une éducation au-dessus de la moyenne, que la prodigalité encourage le commerce et que l'épargne au contraire le décourage.

duction secondaires appelées l'intérêt composé.

Le sou possède encore l'avantage de pouvoir garantir par l'assurance des avantages déjà obtenus, et il possède aussi d'autres avantages tout aussi importants que ceux de reproduction, que l'on peut appeler l'influence et le crédit.

Donc, grandes, énormes, telles que sont les aptitudes reproductrices d'un grain de blé, ces aptitudes sont de beaucoup inférieures cependant à celles accumulatrices, reproductrices et d'influence d'une pièce de cinq centimes.

Je devenais de plus en plus convaincu qu'il ne tenait qu'à moi de faire pousser des sous aussi facilement que du blé, et je ne me trompais point. J'eus l'occasion dans l'avenir de bénir le jour où je déterminai d'en tenter l'expérience.

Je résolus d'abord de semer un sou pour lui en faire reproduire un autre, puis d'en semer deux afin d'en récolter quatre, de semer ces quatre pour en récolter huit, et ainsi de suite.

Je n'entends pas par là que je me sois jamais attendu à doubler mon capital à chacun de mes échanges. Loin de là. En vérité, il me fallut souvent semer à trois ou quatre reprises différentes une pièce de vingt sous, avant de pouvoir récolter quarante sous, mais ils se multiplièrent rapidement ; c'est ce que j'entends en disant que j'avais résolu de semer vingt pièces de cinq centimes pour en récolter quarante.

Je ne pus m'empêcher ici de faire observer à mon interlocuteur que s'il était possible d'obtenir avec un louis les mêmes résultats qu'il avait obtenus avec un sou, je n'hésiterais pas à devenir un de ses disciples les plus fervents et à jeter même la littérature aux orties.

— Ah! détrompez-vous, monsieur, me répondit-il, détrompez-vous, je suis con-

vaincu que l'homme qui essayera mon système avec un sou aura plus de chances de
réussir que celui qui commencerait avec
vingt francs.

Celui qui commencerait avec un louis
se trouverait presque dans la situation de
l'homme qui, dédaignant le grain de blé,
aurait semé une gerbe dans l'espoir de récolter une tige de gerbes au lieu d'un épi de
grains. Il perdrait le résultat moral acquis
par le fait d'avoir vu son premier sou produire petit à petit un autre sou. L'homme
qui débutera avec un louis aura soif de
louis, il voudra arriver trop vite et forcera
sa plante, il oubliera que mon système est
essentiellement un système de culture de
sous, système dans lequel je n'aurais jamais
négligé l'occasion de faire *même* un sou,
toujours certain que j'étais qu'il pouvait être
gagné.

La grande inspiration de mon système
vient de ce que l'argent accumulé provenait

de ce qui au début était presque rien. Si la somme avec laquelle j'ai débuté n'avait pas été assez infime pour que je ne puisse en ressentir la perte, je me serais constamment vu tenté de me rembourser la somme placée, et une seule déviation de la route que je m'étais tracée dans ma résolution aurait ébranlé toute la structure supérieure de l'édifice élevé avec tant de peines, avec tant de soins.

D'autre part, j'aimais mon caprice encore davantage à cause justement de son petit commencement, et je n'aurais pas retiré un sou même de mon capital, parce que mon premier sou m'avait pénétré de l'importance de tous les autres.

De plus, les sous étant la pièce de monnaie la plus abondante, de même les opportunités de les faire se reproduire sont-elles plus nombreuses.

Je déterminai ensuite à mesure que mes sous se multipliaient, de profiter de leurs

6

aptitudes de reproduction par le profit, l'escompte, l'intérêt simple, l'intérêt composé, et aussi de leurs aptitudes à garantir par l'assurance des avantages déjà obtenus; mais par exemple, d'éviter soigneusement leur autre élément de reproduction, le crédit, vu que m'en servir n'aurait eu d'autre résultat que de diminuer à un certain degré l'efficacité de leurs autres aptitudes.

Ceux qui n'ont pas étudié à fond ce sujet ne peuvent se faire une idée des énormes avantages que possède le comptant sur le crédit. Chaque sou dépensé, on peut le dire, perd par le crédit au moins un huitième de ses aptitudes de reproduction. Quelles que soient vos dépenses, petites ou grandes, du moment que vous cherchez à augmenter vos ressources par le crédit, vous payez et payez très-cher pour la faveur qui vous est accordée, et amoindrissez d'autant vos chances finales de succès.

Le comptant, au reste, n'a-t-il pas de tout

temps commandé le meilleur choix, la meilleure mesure, le meilleur poids, l'attention la plus prompte?

Entrez dans un magasin, l'argent comptant sera servi tout de suite, le crédit, lui, peut attendre. Pourquoi? C'est que le comptant va où il veut et que le crédit ne le peut. On offrira un siége à M. Comptant, on s'efforcera de le mettre aussi à l'aise que possible pendant qu'on le sert. M. Crédit, lui, peut s'asseoir, s'il trouve une chaise. Lorsque M. Comptant sort d'un magasin, son départ est suivi de cet aparté du marchand : « Bonne pratique, argent sûr. » Lorsque M. Crédit en fait autant, on a toujours peur que sa visite ne soit la dernière, et que les marchandises qui lui ont été livrées ne représentent qu'autant d'argent à porter à la colonne des pertes. Les marchands, en conséquence, prennent soin de se garantir autant que possible contre de semblables éventualités, ils traitent M. Crédit d'une façon dont ils n'oseraient jamais traiter M. Comptant, et s'il y a quelque rossignol à glisser à un acheteur, M. Crédit sera toujours la victime sur laquelle on opérera.

Dans le crédit, comme dans beaucoup d'autres excellentes choses, il y a le revers de la médaille, il ne faut pas l'oublier. Le crédit peut être un dangereux ennemi ou un utile allié, selon la manière dont on invoque son aide puissant. Dame Crédit est une fée dont la baguette accomplit de grandes choses, et c'est à elle qu'est due la fondation de ces sociétés, de ces grandes compagnies si utiles; c'est dame Crédit qui franchit de ses ponts, de ses aqueducs les marais impraticables, c'est elle qui couvre la terre de réseaux de chemins de fer et sillonne l'Océan de transports et de câbles sous-marins. C'est elle enfin qui bâtit, tisse, amalgame, fabrique tout ce qui est susceptible d'être bâti, tissé, amalgamé ou fabriqué. Mais elle a malheureusement entre autres défauts celui

d'être la complice de toutes sortes d'escroqueries, toutes affaires brillantes et pleines d'at-
trait au début, qui s'écroulent d'un coup et
s'évanouissent, ne laissant sur leur passage
que ruines et regrets.

Le crédit est une plante parasite qui s'est
enlacée autour de l'arbre de la civilisation,
croissant et florissant en proportion de la
croissance de ce dernier, se nourrissant de sa
séve, et menaçant souvent, comme la vigne
sauvage et les lianes de l'Amérique du Sud,
d'étrangler, d'étouffer son pauvre soutien
pantelant.

Le Crédit, même dans les circonstances
les plus favorables, est désavantageux à
l'emprunteur. Dans des circonstances moins
favorables, il est ruineux pour le prêteur.
En proportion du degré auquel on en fera
usage, les affaires deviendront mauvaises,
trompeuses. Il naîtra des difficultés artifi-
cielles qui barreront d'obstacles presque in-
surmontables le chemin de l'homme laborieux

6.

qui spécule avec un capital déjà créé; des
concurrences fâcheuses suivront, conduisant
peu à peu à la falsification et à toutes sortes
d'escroqueries. L'usage du crédit, de plus,
est apte à tenter les hommes d'un tempéra-
ment ardent à s'embarquer dans des spéculations, dans des affaires qu'ils ne connaissent nullement.

Là ne finissent pas les maux du crédit.
Ce système poussera les commerçants non-
seulement à abandonner le commerce qu'ils
connaissent à fond ou à le combiner avec
d'imprudentes spéculations, mais aussi à
étendre ce commerce au delà de toutes limites prudentes. Ils contracteront des obli-
gations dont ils ignoreront toute l'importance,
ils s'associeront à des maisons déjà alliées,
et sur les opérations desquelles ils n'auront
aucun contrôle. Ils laisseront leur commerce
s'accroître à un point tel, qu'il leur sera
impossible de le conduire seuls d'une manière
satisfaisante, et ils se verront bientôt forcés

de l'abandonner entre les mains des étrangers et de la Providence. Ce n'est pas tout. Il leur faudra vivre d'une façon digne de leurs importantes opérations, ils finiront par oublier totalement leurs affaires, et le résultat sera qu'au bout de très-peu de temps leur commerce sera ruiné, le contre-coup du tout semant la ruine et la désolation au sein des familles de leurs créditeurs trop confiants.

Ce que l'on dit de la littérature est bien vrai du crédit : c'est une excellente canne, mais c'est une traîtresse béquille.

Avec une fondation solide de capitaux, aidée d'un cerveau sain d'une grande énergie et d'un but honnête, on peut certainement, je le répète, user du crédit jusqu'à un certain point; mais de tous les rêves de châteaux aériens, le plus périlleux est celui qui repose pour ses matériaux sur le crédit seul. Tourelles, bastions, hautes murailles, ponts-levis, sont bientôt construits, offrant à l'œil de l'imagination un tableau des plus tentants.

Quelle est la fin de tout cela? Un coup d'é-
paule, que dis-je? un souffle, suffit pour
produire l'effondrement complet de l'entière
construction aérienne dont rien ne reste plus
que son architecte écrasé et râlant sous les
débris qu'il a follement entassés sur une
aussi faible fondation.

Le comptant devrait être la règle, le crédit l'exception.

Voici des cas où l'on pourrait faire exception à la règle : le malheureux par exemple
qui a éprouvé quelque calamité subite et terrible, telle que l'incendie de sa maison, la
perte de sa récolte par l'ouragan ou l'inondation, pour celui-là on pourrait faire exception en lui accordant deux ou trois mois de
crédit au prix de gros. Il en serait de même
pour la pauvre veuve dont les enfants,
actuellement à l'école, seront à la saison
prochaine en état de gagner un peu et de
l'aider.

En toutes autres circonstances, le marchand, quand ce ne serait que par amour du bien, devrait refuser de vendre à crédit ; car agir ainsi est et sera toujours pour la majorité des imprudents une tentation et une cause de dépenses outrées. « Paye au fur et à mesure de tes besoins », telle devrait être la devise du marchand et de tout homme prudent.

Mais quant à mon système de culture de sous, le crédit ne doit point y entrer. Vous ne demandez pas au sol de vous faire crédit pour le grain que vous vous proposez d'ensemencer afin de produire une récolte. Il faut donc, si l'on veut réussir par la mise en pratique de mon système, renoncer à accepter ou à accorder le crédit. Pour convertir en peu de temps un sou en 20,000 francs on a besoin de tous les éléments de puissance du sou, et certes l'influence et l'économie du comptant constituent un des avantages les plus importants que l'on puisse se gagner.

J'irai plus loin. Je voudrais voir le crédit

privé de toute garantie légale en ce qui concerne les transactions commerciales, surtout celles entre détaillants et particuliers.

Les résultats de cette suppression de sanction judiciaire du crédit dans les transactions commerciales seraient les suivants :

1° Les ouvriers mal rétribués dans la plupart des industries obtiendraient un salaire plus élevé que celui auquel ils peuvent prétendre tant que le système du crédit sera en vigueur. La conséquence de cette élévation dans le taux du salaire serait que peu à peu les ouvriers seraient tirés de l'état de gêne et de misère dans lequel ils se trouvent actuellement.

2° Les obstacles que le système du crédit suscite à l'ouvrier habile qui veut s'établir seraient anéantis.

3° Les marchands et les fabricants se verraient du coup débarrassés des pertes nombreuses qui résultent des mauvaises créances et garantis contre les conséquences de cet état d'inaction auquel le système du crédit condamne le capital. Ils pourraient en conséquence lutter plus avantageusement avec les établissements coopératifs et autres.

4° Les marchands qui sont engagés dans un commerce non fictif avec les marchés étrangers ou coloniaux n'auraient plus à lutter, comme ils le font actuellement, à leur désavantage, avec des spéculateurs dont les opérations, par suite des facilités que leur donne le crédit, n'ont d'autre résultat que d'encombrer ces marchés.

5° Les calamités morales qu'entraîne avec elle l'institution du crédit par suite de l'encouragement qu'il donne au gaspillage, et les tentations qu'il nous offre de dépenser plus que nos moyens ne nous permettent, seraient considérablement diminuées.

L'appui légal accordé au crédit est, il faut bien en convenir, entièrement déplacé ; le crédit n'est en aucune façon nécessaire au commerce, qui, en vérité, marcherait beaucoup mieux sans lui, du moins en ce qui concerne le plus grand nombre.

Dans celles de ces professions où l'appui de la loi a été retiré au crédit, telles que celles d'avocat, de cabaretier, etc., les salaires sont satisfaisants et la pauvreté est rare. Ces gens, en général, tout en n'acquérant pas des fortunes, possèdent cependant presque tous une certaine aisance.

Dans celles de ces professions au contraire où le crédit bénéficie de l'appui légal, le résultat se traduit invariablement par une inégalité dans la distribution des profits, inégalité qui donne à quelques-uns des gains énormes et appauvrit des milliers de gens.

Les statistiques, du reste, prouvent que sur 83 milliards 720 millions dont s'est accrue la fortune nationale de 1842 à 1882, 4 milliards 120 millions seulement ont été acquis par les classes ouvrières, représentées par trente-quatre millions d'individus, tandis que les classes riches, s'élevant à trois millions d'individus, ont acquis pas moins de 64 milliards 420 millions. J'ajouterai qu'aucun enrichissement général des classes ouvrières n'a eu lieu depuis cette époque. La pauvreté chez ces classes est tout aussi fréquente actuellement, par rapport à la population, qu'elle l'était en 1842. En dépit de ce que le gain d'une quantité aussi respectable de millions pourrait faire supposer, peu d'ouvriers en proportion sont devenus patrons.

L'abolition du crédit, loin d'avoir pour résultat de diminuer le chiffre des affaires, l'augmenterait au contraire. La raison en est que notre commerce repose surtout sur l'achat individuel, et l'achat individuel sur les besoins de l'humanité, besoins qui ne deviendraient pas moins nombreux par suite de ce nouvel état de choses, mais se trouveraient augmentés, au contraire, par suite d'une meilleure répartition du profit.

Les classes ouvrières gagnant davantage, il

en résulterait une plus grande activité commerciale. Une plus grande puissance d'achat
créerait de la demande pour une foule de
denrées utiles dont on peut à peine se faire
une idée actuellement, et le bien-être général
en serait le résultat.

Un revenu moyen de 4,000 francs par
famille, ainsi obtenu, permettrait, en effet,
un partage plus équitable du profit et aussi
de diminuer sensiblement la pauvreté; mais
cet état de choses ne peut exister tant que
le crédit légalisé permettra à un négociant
capitaliste de décupler son capital d'un seul
coup et d'accumuler des gains rapides, tout
en créant des obstacles à l'emploi profitable
des petites économies.

Le meilleur moyen, selon moi, de mettre
fin aux maux qu'entraîne avec elle l'institution du crédit dans les transactions entre
détaillants et particuliers, serait de décréter
qu'en matière de dettes contractées par un
particulier envers un commerçant, les pour-

suites ne seraient pas autorisées, ou encore, déclarer le mobilier insaisissable tant qu'il ne dépasse pas une valeur de 2,500 francs, le prêteur n'ayant de gage que sur le surplus de cette valeur.

A l'époque où je commençai à mettre mon caprice à exécution, date que je finis décidément par considérer comme le commencement d'une science, celle de la culture des sous, j'étais un modeste marchand dans une petite ville de province, située à une cinquantaine de kilomètres de Lyon. Ma boutique occupait une position assez centrale; mais ainsi que je viens de le faire entrevoir, elle était loin cependant d'avoir aucune prétention au titre de maison de premier ordre. Son apparence, en vérité, était des plus humbles, si on la comparait aux flamboyantes devantures de mes voisins, celle surtout du pharmacien en face. Oh! ce pharmacien!!!! oh! cet homme!!! Dans le but sans doute de rendre sa boutique plus visible encore, il avait orné

sa devanture d'un immense globe que rem-
plissait un liquide d'un vert sépulcral. Der-
rière ce globe se trouvait un bec de gaz, et
dès que ce dernier était allumé, des rayons
d'une lumière verte venaient percer de part
en part mon modeste établissement, teignant
de leurs reflets cadavéreux tout ce qui se
trouvait à leur portée. Quand venait le soir,
mes pratiques prétendaient que mon riz
n'avait pas bonne couleur, que le sucre en
pains semblait de mauvaise qualité. Souvent
aussi, on me disait que ma femme avait l'air
bien malade. Tous ces compliments, c'était
à la satanée lumière verte du pharmacien
que je les devais.

Mes ennuis ne finissaient point là. Ma
boutique était contiguë à une auberge dont
le propriétaire était aussi le mien. Un jour,
quelque temps avant l'époque dont je parle,
le propriétaire entra dans mon magasin et
me donna avis de son intention d'abattre une
partie de la façade de mon établissement, afin,

disait-il, d'élargir l'entrée de son hôtellerie.

Tout ceci a rapport à l'histoire de mon sou, vous le verrez tout à l'heure.

Je crus sage de me soumettre à tout ce que ces changements avaient de fâcheux pour moi, plutôt que de quitter l'emplacement où je travaillais depuis quelques années déjà. Le résultat fut qu'une de mes fenêtres se trouva engouffrée dans l'entrée de l'aubergiste, une cinquantaine de centimètres au plus, fut tout ce qui put échapper à cette ogresse. Venaient ensuite la porte de mon magasin, puis la grande fenêtre.

Occupons-nous, maintenant, de mon premier sou et de ses relations avec la petite fenêtre que je viens de décrire.

Ma résolution était prise. Je commençai un lundi matin. Je pris un sou dans ma caisse et j'y fis, à l'aide d'une lime, quelques entailles qui devaient m'aider à le reconnaître dans le cas où il me reviendrait jamais entre les mains.

Ici, que l'on me permette une digression. Je la ferai aussi courte que possible.

Il se peut, ainsi que me l'ont fait observer des personnes à qui j'ai déjà raconté l'histoire de ma petite fortune, il se peut que je possédais des avantages qui aidèrent matériellement à mon succès; mais des milliers de gens possèdent les mêmes avantages, et ceux qui ne les possèdent pas jouissent d'autres priviléges probablement aussi grands et peut-être même supérieurs à ceux que je possédais.

Comme preuve de ce que j'avance, prenons le cas d'une personne qui ne tient pas boutique, et qui, par ce fait, ne peut accomplir ces échanges d'où découle le profit. Que ferait par exemple un ouvrier bottier avec un sou? Qu'il achète un sou de cuir, en fasse une paire de sous-pieds et la revende deux sous. Que ferait un ouvrier tailleur avec un sou? Ne voit-on pas des casquettes d'enfants faites souvent avec les plus petits morceaux de drap et vendues à profit.très-grand sur le coût de la matière première?

La catégorie des marchands, et surtout celle des petits marchands, a sa conduite toute tracée par l'histoire de mon sou. A ceux qui ne sont pas marchands, je conseillerai de consacrer chaque jour une heure de leurs loisirs à la culture des sous et d'appliquer le résultat de cette heure de travail à se protéger contre les vicissitudes de la vie à venir.

Il y a en ce moment des centaines, que dis-je? des milliers de gens qui, faute de savoir comment faire un commencement, et faute aussi de conseils pratiques lorsqu'ils veulent bien commencer à faire quelque chose, ne savent même parfois où ils iront chercher la croûte de pain du lendemain.

Combien d'ouvriers ne voyons-nous pas dans ces temps de grève surtout, gémissant sous le fardeau d'une grande misère, s'en plaignant amèrement, et qui, pourtant, possèdent, outre les ressources de leur profession, des avantages qui sont perdus sans retour, parce qu'aucun effort n'est fait pour en tirer parti?

Combien n'y en a-t-il pas, de ces petites fenêtres, de ces bancs près des portes qui ne servent qu'à encourager la paresse, et dont la femme pourrait tirer profit en les faisant servir à la vente de quelque article fabriqué par le mari dans ses moments de loisir ou de chômage, de quelque article utile et en demande générale? Combien n'y a-t-il pas d'hommes que les amis et les voisins ne demanderaient qu'à aider dans une entreprise aussi prévoyante, aussi louable? Je sais que l'on me dira : « Ah! si seulement j'avais quelques pièces de vingt francs, je crois que je pourrais, peut-être, alors, faire quelque chose. » A ces gens-là, je répondrais : Commencez avec un sou s'il le faut, soyez énergique, et vous réaliserez bientôt ces quelques pièces de vingt francs qui vous manquent. Ne passez pas votre vie à vous lamenter sur le manque d'occasions. Procédez par un commencement, travaillez d'abord pour trouver l'occasion, et ensuite vous travaillerez pour le résultat.

Il est certain qu'un menuisier avec un morceau de bois, un ferblantier avec un morceau de fer-blanc, un graveur avec un morceau de cuivre ou un morceau de bois, un vitrier avec un morceau de verre, une couturière avec une aiguille et du fil, un jardinier avec un paquet de semence et un mètre carré de terrain, n'importe qui enfin, avec quoi que ce soit, résolu à utiliser les ressources à sa disposition, peut débuter avec la certitude de réussir. Il suffira à ceux qui l'essayeront de quelques mois de persévérance et d'énergie pour acquérir la preuve de la praticabilité de ce que j'avance, les exhortations alors ne seront plus nécessaires, les preuves seront palpables.

Faites entrer le côté le plus mince d'un coin, le plus épais suivra bientôt.

7.

Il faut bien que je le leur dise, en effet, à ces gens dont je plaide ici la cause, ils ont leurs défauts, de nombreux défauts. Le principal, c'est de considérer les maux de la vie comme fatalement rigoureux, comme une quantité fixe. Leur résister ou essayer de les diminuer semble tâche sans espoir. Ils se réfugient au sein de la résignation comme étant ce qui approche le plus du remède.

Ne nous laissons pas aller à déprécier ou à tourner en ridicule cette vertu, vertu qu'il est souvent, en vérité, difficile de distinguer du fatalisme, et qui est souvent chez eux un beau et louable sentiment, en un mot, un sentiment religieux; mais combattons pourtant cette notion si répandue, que les maux de la vie sont irrémédiables ou nécessaires.

Ces maux, en réalité, se trouvent de jour en jour traqués dans un espace plus restreint par la prévoyance, l'éducation et la prudence, autant d'ennemis qui sont constamment à l'œuvre travaillant à leur annihilation.

Longue est la liste des maux qui viennent se grouper sous cet en-tête sinistre « la Pauvreté ». Ces maux ont toujours existé, et existeront peut-être toujours, plus ou moins.

On pourrait cependant prévenir les maux de la Pauvreté. Retournez ce vilain mal sur toutes les faces, observez-le bien, et vous finirez par reconnaître qu'il provient de circonstances plus ou moins casuelles et susceptibles d'être changées. Le spectacle que nous offrent les rues pauvres de la capitale, de nos grandes villes; ces milliers de gens, non pas des artisans ou des ouvriers (ces derniers sont encore par rapport aux autres une sorte d'aristocratie), se livrant à l'humble commerce de la rue qui a pour objet de fournir d'articles insignifiants ceux qui peuvent en avoir besoin, bivouaqués plutôt que logés dans de misérables bicoques, mourant presque de faim pour la plupart et souvent aussi sans moyens aucuns d'existence : voilà un bien triste tableau de pauvreté qui convient peu à notre siècle et à notre civilisation.

On croit que cette pauvreté, cette misère, sont sans remède.

Je ne prétends pas que l'on puisse aisément y remédier; mais quoique cela, nous ne devrions pas, cependant, considérer cet état de choses comme nécessaire ou inévitable. Lorsqu'un visiteur philanthrope se présente dans quelque taudis infect et y trouve une famille nombreuse vivant dans la misère, il ne semble pas qu'il pense jamais à demander comment il se fait que le mari ou le père puisse faire si peu en ce monde. Cet homme possède pourtant un cerveau et une paire de bras, deux merveilleux instruments, lorsqu'ils sont bien dirigés et bien employés. Pourquoi ne s'en sert-il pas? Très-probablement, c'est un être des plus ignorants, qui ne sait se servir de sa tête et de ses bras à rien qui vaille; qui croit sans doute que s'il va chaque jour au dehors avec quelques épingles, quelques aiguilles ou quelques bottes de cresson et tâche de les vendre, il a fait son devoir, quand il ne fait au contraire que perdre son temps en appliquant mal à propos ses aptitudes naturelles. Son erreur consiste peut-être à refuser de se rendre à l'endroit précis où ses services, en demande de ses semblables, lui rapporteraient un bon profit, au lieu d'être perdus là où ils sont ou superflus ou viennent échouer contre les efforts de gens possédant des talents supérieurs aux siens? Cet homme-là ne peut qu'être pauvre, et pauvre il restera, tant qu'il ne cessera de faire un si mauvais usage des merveilleuses facultés dont il a été doué.

Mais que l'on instruise cet homme, et qu'on lui montre qu'il est possible d'être très-occupé à ne rien faire, ou à essayer de faire quelque chose dans le mauvais endroit, et il aura peut-être alors des chances de mieux réussir en ce monde. Notre mendiant peut aussi ne pas manquer d'aptitudes ni de savoir, mais d'assiduité et de toute vraie discipline de l'esprit, et les conséquences de l'absence de ces qualités sont à peu près les mêmes que celles de l'ignorance. Il va de soi qu'il aura toujours perdu ses places, qu'il aura toujours échoué dans toutes ses transactions commerciales, jusqu'au moment où, ayant perdu espoir et courage, il aura commencé à laisser ses affaires s'en aller à la dérive. Cet homme-là, lui aussi, aurait pu être sauvé de la pauvreté, si dès le début il avait été bien stylé, et qu'on lui eût fait voir que rien ne pouvait affecter son sort que sa propre conduite.

Comment se fait-il qu'une famille vivra dans l'abondance là où une autre est plongée dans la misère la plus profonde?

Ce n'est pas la chance qui décide de ces différences, mais une patiente observation de la nature qui a inspiré à des hommes bien doués des règles de conduite qui ont échappé au manque de perspicacité des autres.

Il y a quelque temps, lors de mon premier voyage dans le canot en papier le *Qui-vive*, comme je passai dans un village de l'Isère, j'entendis une vieille commère s'écrier : *Je voudrais bien savoir pourquoi qu'ils ont été encore augmenter le prix du pain?* Est-il juste, je vous le demande, que le pauvre soit laissé sous l'impression qu'il doit le prix de son pain au boulanger ou au gouvernement, le prix de son travail au libre arbitre du patron?

Il n'y a pas de doute que la plupart des maux qui affligent la classe pauvre proviennent de l'ignorance, et l'ignorance, nous le savons, peut être changée en savoir et en réflexion.

Une autre importante catégorie de maux est celle produite par ce défaut si répandu, tendant malheureusement de plus en plus à se généraliser, et sur lequel je reviens avec plaisir encore une fois : le gaspillage. Nous ne pensons pas assez au lendemain, et nous en supportons les conséquences connues. Le vrai moyen d'éviter toutes ces misères est là devant nous, nul ne peut donner pour excuse qu'il n'a pu voir le danger d'un rapport erroné entre ses désirs et sa bourse. Toute personne qui pèche ainsi doit donc être préparée à ne pas considérer sa punition comme un mal. Dans le cas où elle ne le serait pas, elle ne peut être considérée que comme un être insensé.

Le point cependant que nous avons à considérer ici, est que cette catégorie de maux, elle aussi, on pourrait la prévenir.

Que les insouciants étudient et prennent modèle sur l'exemple du sage, et de l'aveu universel, ils seront à l'abri.

Il n'y a pas que chez les pauvres et les ignorants que l'on rencontre une multitude de maux dus seulement à l'ignorance. On prouverait facilement que l'existence de ces classes qui se considèrent comme instruites, se trouve empoisonnée de peines et d'afflictions par suite de ce fait, précisément, que la plupart de ces gens n'ont aucune idée distincte de ce que ce monde est ni de leur place en ce monde. Quelques-uns, il est vrai, savent qu'il y a dans l'univers un mécanisme physique, que régissent les lois invariable d'un Être divin ; mais ils ignorent qu'il existe également un mécanisme moral d'un caractère tout à fait semblable, qui fait que chaque mouvement de leur nature, tout procédé ou transaction sociale, a sa conséquence définie et inévitable, en bien ou en mal, pour tous ceux concernés.

Les hommes, généralement, rôdent à travers la vie comme s'ils parcouraient une forêt dans quelque région inexplorée, courant les chances de ce qui leur peut arriver en bien ou en mal. S'ils étaient mieux renseignés à ce sujet, ils sauraient qu'à chaque pas qu'ils font en ce monde, ils forment des relations à des circonstances, relations qui chacune d'elles peuvent être vérifiées exactement, et lesquelles selon que nous les comprenons ou agissons d'après elles, tendront à rendre notre vie heureuse ou le contraire.

Quand cette vérité générale sera connue des masses, les hommes auront une idée plus nette de ce à quoi on s'attend d'eux, en fait de devoir envers eux-mêmes et envers leurs semblables. Ils comprendront alors toute la force de cette maxime qui dit : « Comme on fait son lit, on sera couché. » Jamais, en effet, on n'a vu de peines remises, dans le système de la Providence.

Je suis grand admirateur de tous gens qui réussissent à se frayer un chemin de la pauvreté à l'aisance. Ce n'est pas tout le monde, en effet, qui peut supporter la mauvaise chère et les durs travaux essentiels au gain du succès; mais ceux qui ont résisté au choc de la lutte admettront dans l'avenir que leur position est due principalement à la discipline sévère à laquelle ils ont su se soumettre au début.

Tout homme devrait s'efforcer d'améliorer sa position ; mais il est également nécessaire à celui qui a eu le talent et le courage de grimper au sommet, de savoir aussi s'y maintenir, quand il y est arrivé.

Ce n'est pas la portion calme, laborieuse, éclairée du peuple qui alimente ce tumulte actuel de mécontentement entre patrons et ouvriers. C'est la portion grossière, paresseuse, cette portion nomade, inintelligente, envieuse et malsaine qui ne travaille pas, qui ne cesse de se récrier, de se plaindre de ce qu'elle ne possède pas et de ce qu'elle n'a pas la persévérance d'obtenir.

Beaucoup de ces gens se plaindraient encore si on leur donnait un palais pour résidence, tandis que les esprits courageux, pleins d'espoir et de persévérance, se frayent un passage à travers les vicissitudes de la vie, au milieu de privations qui n'exciteraient que le dédain des autres. Chacun a des peines, mais chacun aussi a ses récompenses. Ce sera une vie dure pendant quelques années, mais, lecteur, le bon marin ne préfère-t-il pas l'Océan avec ses dangers et sa rude existence aux plaisirs de la terre ferme?

Pour gagner la fortune comme pour gagner le pouvoir ou la renommée, il faut persévérer avec une avidité ardente, insatiable. Ne vous pressez jamais, même quand vous vous efforcerez le plus de réussir. Souvenez-vous que patience passe science. Réfléchissez bien avant que de prendre une résolution et d'agir, et lorsque vous serez décidé, sou-venez-vous que la conviction n'est rien, tant que le sentiment de cette conviction ne s'est pas manifesté dans votre conduite.

Je connais en Allemagne un homme, maintenant à la tête d'une grande fabrique d'allumettes, qui, lorsqu'il débuta, était pres-que sans le sou. Cet homme-là crut pourtant qu'il pouvait commencer son commerce, même avec ses ressources si infimes. Il fit un long trajet à pied pour trouver une fabrique, il attendit à la porte de l'usine le moment où les ouvriers sortaient pour aller prendre leur repas, il apprit de ces derniers le secret de la fabrication des allumettes, il revint au logis, et se mettant à l'œuvre avec deux ou trois sous de capital, mais d'arrache-pied, commença ainsi un commerce qu'il étendit rapidement. Cet homme possède aujourd'hui une fortune colossale.

Que faire de mon premier sou? Le placement avantageux de ce sou fut pour moi, pendant quelques moments, une véritable énigme. Désirant cependant lui donner les meilleures chances de réussite, et ne lui pouvant trouver alors un meilleur placement, je déterminai de m'acheter à moi-même dans mon propre fonds et au prix de gros, un article que le public achetait habituellement par quantités d'un sou le lundi matin, et ensuite de le détailler au premier chaland qui se présenterait.

Vous n'ignorez pas, en effet, qu'il y a beaucoup d'articles qui rapportent plus que la moyenne de profits généralement réalisée dans le commerce, et aussi que la proportion de profit sur la vente de petites quantités est supérieure à celle réalisée sur de grandes quantités. Il va donc de soi que le profit, sur cinquante kilogrammes d'un article donné, vendu à plusieurs personnes, sera plus grand que celui réalisé sur la vente d'une quantité égale détaillée à une seule personne.

Le total de mes résultats à l'heure de la fermeture de mon magasin se montait à la somme de neuf sous. Mon sou s'était reproduit neuf fois dans la journée.

Ce résultat, minime, c'est vrai, était pour moi d'une grande importance. J'avais maintenant neuf pièces de cinq centimes à ensemencer, et quoiqu'il fût plus que certain que je ne pourrais continuer à placer mon accumulation de sous dans les mêmes conditions que mon premier, il était évident, cependant, qu'une accumulation de sous judicieusement placée produirait un profit journalier plus grand que celui d'une seule pièce de cinq centimes placée même dans les conditions les plus favorables.

Ayant ainsi créé le germe de mon système, je m'occupai de donner le plus tôt possible à mon sou une position qui le rendît indépendant en tout respect de mon commerce général. J'entends par là que je le plaçai sur ses propres ressources, et de telle façon qu'il n'empiétât point sur les profits de mon autre commerce.

Dans l'espace de deux ou trois semaines, j'avais accumulé plusieurs francs par la vente en quantités d'un sou de l'article avec lequel j'avais commencé; déjà même, plusieurs piles de sous se trouvaient entassées au fond de ma caisse.

Lorsque je jetais les yeux sur ce monceau, de cuivre seulement, il est vrai, je ne pouvais douter, pourtant, d'un résultat heureux pour

mon expérience. A cette époque, en effet,
vous devez vous le rappeler, mes espérances
n'allaient pas au delà de la réalisation d'une
somme de 5,000 francs. L'idée d'acquérir la
grande somme ne m'était pas encore venue.
J'en arrivai bientôt à posséder un capital si
pesant en pièces de cinq centimes, que je ne
savais trop comment les employer toutes à
leur plus grand profit, vu que mon système
était de rendre autant que possible chaque
sou reproductif de lui-même.

Ce fut alors que je consacrai entièrement
ma petite fenêtre au service de mon sou, en
y mettant en vente des articles dans lesquels
je n'avais pas encore fait commerce.

Une grande prudence devait nécessairement présider au choix de ces articles, et en
les choisissant, j'eus soin qu'ils possédassent
les qualités essentielles suivantes :

1° Qu'ils fussent articles en grande demande du public;

2° Qu'ils fussent impérissables;

3° Qu'ils fussent susceptibles d'être vendus en petites quantités ;

4° Qu'ils eussent une apparence attrayante ;

5° Qu'ils me rapportassent un bon profit.

A une époque où je n'avais encore aucune idée de me livrer au genre de commerce que je venais d'adopter, je me trouvais journellement dérangé par les visites de commis voyageurs désireux de placer certains articles susceptibles pourtant d'une vente profitable pour le marchand qui se serait livré entièrement à ce genre de commerce.

J'accueillis maintenant les offres qu'ils me faisaient autrefois inutilement, et je n'eus aucune difficulté à conclure avec eux de petits achats d'une foule d'articles profitables. Grâce à une montre aussi attrayante que possible de toutes ces différentes marchandises aux enveloppes bigarrées de couleurs brillantes, ma petite fenêtre ne tarda pas à revêtir un aspect tout à fait tentant. J'avouerai même que pendant quelque temps

je fus coupable d'une certaine partialité
injuste envers cette petite fenêtre. La plus
grande dut avoir plus d'une fois le droit de
se plaindre de mon manque d'attention, de
mon manque d'égards envers elle. Elle dut
se dire souvent, par exemple, que j'essuyais
les carreaux de la petite fenêtre plus souvent
que les siens, et que lorsqu'un article pro-
venant de cette petite fenêtre était vendu,
on le remplaçait immédiatement par un nouveau, ce qui, avouons-le, n'était pas toujours
le cas pour elle.

Si le témoignage de la grande fenêtre pouvait être entendu et compris, il serait à l'effet
que sa compagne m'enseigna une vraie esti-
mation de la valeur de chaque sou employé
dans le commerce, des attentions dues aux
pratiques, d'une grande promptitude dans
l'exécution des commandes, de l'intégrité la
plus rigide dans la profession de marchand,
me prouva le succès certain qui attend
l'homme qui sait donner satisfaction à tous

ses clients petits et grands, l'importance enfin d'une tenue de livres soigneuse qui vous permette de connaître chaque jour la situation exacte de vos affaires.

Tels avaient été les enseignements de ma petite fenêtre, et mon commerce entier ne tarda pas à en subir l'influence. Je crois fermement que si aux profits directs obtenus par mon sou, j'ajoutai ceux indirects récoltés par suite de ses leçons, le chiffre de ces profits se trouverait représenté par une somme beaucoup plus importante que celle inscrite dans mon journal. .

Le résultat de mon expérience fut qu'au bout de quelques mois je me trouvais à la tête d'un commerce supplémentaire qui s'étendait si rapidement, qu'il promettait de dépasser en importance mon commerce général.

Ah! monsieur! vous ne pouvez vous faire une idée des progrès étonnants que l'on peut faire dans un commerce supplémentaire

comme celui-ci, quand on le conduit pru-
demment et qu'on laisse les profits s'accumuler sans jamais en retirer un sou. En effet,
je n'avais pas de loyer, pas de taxes, pas de
lumière artificielle, pas de bouches à nourrir,
pas de dos à couvrir, pas de risques pro-
venant de mauvaises dettes, pas de travail à
payer, le profit était constamment ajouté au
principal, et le principal était constamment
employé à l'augmentation du profit.

J'étais obligé de reconnaître que le profit
était un des éléments les plus importants
dans la reproduction des sous. J'aurais pu
par exemple placer de l'argent à 4 ou 5 0/0
dans une banque; mais mon commerce me
rapportait des profits de 20, 25 et 30 0/0,
et comme il était rare que j'achète un article
dont je n'étais pas sûr de me défaire dans
le cours de l'année, — l'année de l'intérêt, — je déterminai de continuer à consacrer mon capital tout entier à une réalisation
de profits, pendant aussi longtemps qu'il

me serait possible d'introduire de nouveaux articles, et aussi de donner un plus grand essor à cette branche de mon commerce, mais sans cependant lui permettre d'empiéter sur aucune autre.

Quoiqu'à cette époque je n'en étais pas encore arrivé à pouvoir placer de l'argent à intérêt, je me servais souvent de mes économies pour obtenir l'escompte, en retour d'un prompt payement des comptes relatifs à mon commerce général. Je découvris ainsi qu'un escompte de 5 0/0 sur un billet à trois mois était équivalent à un intérêt annuel de 20 0/0. Je trouvai aussi que toutes les fois que soldant une facture dans ces conditions j'obtenais l'escompte, j'avais, de fait, récolté cent vingt pièces d'un sou en quelques instants. Je basai donc bientôt mon commerce entier sur le système des achats au comptant. Il en résulta pour moi d'énormes avantages. . . . .

. . . .

8.

Une nuit, je fus éveillé en sursaut par les cris : Au feu! et le rataplan de nos pompiers en temps d'incendie. Je me crus ruiné. Allons, c'en est fait de mon sou! Telle fut la première pensée qui me traversa l'esprit. Ma femme et mes enfants étaient dans l'alarme la plus vive. Comme je regardai cependant, à travers une fissure dans un de mes contrevents, je vis que la maison du pharmacien était seule en flammes. Avec l'égoïsme de tout homme, je crois, en pareille occasion, je m'écriai : Dieu soit loué, ce n'est pas ici! Je dégringolai pourtant mes escaliers et m'empressai d'aller offrir à mon infortuné voisin tous les secours en mon pouvoir. C'était, si tel on peut l'appeler, un bel incendie. Après des apaisements et des recrudescences il s'éteignit faute d'aliments; je vis la maison noircir, les fenêtres devenir rouges, et au bout de quelques minutes tout s'effondrait dans un nuage de cendres. De la maison du pharmacien les quatre murs seuls restaient, la lumière verte était annihilée, mais le malheureux était ruiné. Il n'était pas assuré.

Cet incendie eut lieu en 1875. A cette époque j'avais déjà accompli de sensibles progrès dans la mise à exécution de mon projet, de mon caprice, et ainsi que vous devez vous en souvenir, j'avais déjà changé ma résolution du gain de 5,000 francs à celui de 10,000 francs.

La catastrophe qui avait ruiné mon voisin eut cela de bon qu'elle me persuada de l'extrême folie qu'il y avait à abandonner son bien à la merci de chances de destruction qui pouvaient anéantir en quelques instants le résultat d'une vie de labeurs et de travail, éventualités, pourtant, que la société a prévues en nous donnant les compagnies d'assurances.

Cette institution est si méconnue par la plupart des gens, qu'il ne sera pas superflu, peut-être, d'en toucher ici quelques mots.

Les assurances sur la vie sont une devise de l'homme, du diable, quelques-uns ont-ils prétendu, depuis que Salomon a dit qu'il n'y avait rien de nouveau sous le soleil. Cette institution existe en Angleterre depuis plus d'un siècle et demi. Ce fut en 1706, je crois, que la première compagnie d'assurances l'*Amicable*, firme anglaise, débuta au milieu d'unanimes prophéties de banqueroute et d'accusations que la nouvelle entreprise était une insulte au Créateur. Sa seule réponse fut d'assurer tout le monde, enfants, vieillards, malades, blessés, et elle réussit. D'autres compagnies d'assurances et de tous genres succédèrent bientôt à l'*Amicable* en Angleterre et ailleurs, tandis que nous autres, Français, avec notre inconsistance habituelle, nous décrétions le tout illégitime parce que c'était, disions-nous, une offense à la décence publique de mettre un prix sur la vie d'un homme libre, ce qui devrait être au-dessus de toute évaluation.

Aussitôt que des marchandises ont été reçues en consignation, on devrait les faire assurer. L'assurance a été regardée par les derniers économistes comme un devoir moral, dans tous les cas où la négligence de ce principe de sécurité pourrait mettre en danger les intérêts des créanciers. Ils raisonnent ainsi : un marchand qui spécule à l'aide d'un capital emprunté agit malhonnêtement, du moment où il risque une somme dont la perte l'empêcherait de faire honneur à la totalité de ses dettes. Un homme qui possède 20,000 francs, et qui en emprunte 20,000, ne peut honnêtement spéculer assez largement pour perdre, dans le cas où il se verrait désappointé dans le résultat d'une spéculation, une somme de 30,000 francs. Que la spéculation réussisse ou non, spéculer ainsi est malhonnête, parce qu'en agissant de cette façon on risque le bien d'autrui sans son consentement. D'après ce principe, il ne serait pas honnête de ne pas s'assurer dans tous

les cas où par la destruction de la maison ou
des marchandises par l'incendie ou toute
autre calamité, le négociant se verrait dans
l'impossibilité de payer ses créanciers, et
le tort consisterait non pas dans la perte
actuelle, mais dans le risque de la perte en-
courue.

A cet état de choses il n'y a que deux
remèdes, le premier est l'assurance, le second
l'avis donné au propriétaire de l'opportunité
de cette assurance, le laissant, cet avis donné,
courir les risques lui-même. Le coût de l'assurance est peu de chose comparativement
au sentiment de sécurité que produira cette
sage précaution.

Quoique l'assurance soit si négligée par
un nombre considérable de gens, il est peu
probable cependant que l'assurance ne soit
pas considérée par tous comme un devoir.
Cette négligence est due habituellement à
des retards, à des remises continuelles.
On remet l'assurance de jour en jour, tant

et si bien que le sentiment de la sécurité finit par vous gagner, alors on se met à calculer combien on aurait pu économiser en ne s'assurant pas, et toute idée d'assurance ne tarde pas à être abandonnée. D'autres encore, pressés par le besoin d'argent, croient ne pouvoir raisonnablement se priver de la somme que représente la prime à payer. C'est là une grande et fatale erreur. Les délais, qu'on s'en souvienne, sont dangereux. Il n'y a que les hommes riches qui puissent négliger de s'assurer; pour eux, en effet, la perte éventuelle d'une maison ou deux ne reviendrait pas à autant que la prime d'assurance sur leurs propriétés réunies. Les hommes de fortune médiocre ne peuvent agir ainsi. Leur devoir est non-seulement d'assurer leur maison, mais leurs marchandises, non-seulement leurs habitations, mais leurs meubles.

Une grande prudence, pourtant, est nécessaire dans le choix d'une compagnie d'assurances. Il y en a de bonnes et de mauvaises, il y en a qui sont honorables, il y en a qui ne le sont pas, et quand on fait son choix on devrait prendre soin de s'enquérir, autant que possible, de la manière dont ces compagnies ont liquidé leurs pertes, non pas avec des personnes de position marquante, mais avec des gens appartenant à des classes moins riches.

Un des plus grands sujets de plainte contre les compagnies d'assurances de tous genres, c'est leur inclination à éviter par la chicane et les procès le payement de leurs polices.

Les personnes qui occupent une certaine position étant celles dont les reproches seraient les plus écoutés, ces personnes n'ont que rarement occasion d'observer quoi que ce soit de répréhensible. Il serait aisé de prouver cependant que des gens moins riches ont eu fréquemment des sujets de plainte. Les compagnies d'assurances qui montrent les moindres symptômes d'une inclination semblable devraient être soigneusement évitées. Leur devoir est d'accepter des risques contre tout, excepté contre la fraude, et alors elles auront droit à l'appui universel.

Lorsque l'on choisit une compagnie d'assurance, on devrait auparavant bien s'assurer de sa stabilité et de la sorte de réputation que se sont acquise ses directeurs dans sa gestion; on devrait de plus ne répondre qu'avec l'exactitude la plus grande aux questions qui seront posées relativement aux maladies que l'on a pu avoir, et bien s'assurer aussi qu'aucun détail, important ou non, n'a été omis. Il vaut mieux ne pas s'assurer du tout, que de faire courir à sa famille le risque de découvrir après une longue suite de payements qu'une police est annulée en conséquence d'une omission ou d'un malentendu de la part de l'assuré.

A toute personne qui n'est pas bien au courant de la vraie signification des termes de loi, je conseillerais de ne s'assurer que dans une compagnie où les polices sont indisputables, exécutoires.

Il est vrai que beaucoup de compagnies d'assurance règlent leurs pertes loyalement, et que la concurrence vient augmenter encore la sécurité de l'assuré; mais un homme prudent ne devrait jamais s'engager dans un payement de primes ayant toutes chances de se continuer pendant de longues années, sans des garanties plus certaines que la générosité d'un conseil d'administration.

J'ai eu occasion de voir des polices qui faisaient de la sincérité de vos données la base du contrat. Voilà qui est parfaitement loyal; mais toute compagnie d'assurance devrait adopter le principe de rendre chaque police par elle émise indéfectible, indiscutable, et le fait de l'avoir émise une preuve suffisante de sa validité. Tous autres avantages étant équivalents, les compagnies qui adoptent ce principe méritent la préférence.

Mais il y a encore mieux que cela à faire.

Aujourd'hui les assurances ne sont que des spéculations particulières d'argent ; elles pourraient et devraient être une belle et grande institution gouvernementale pour tous et au profit de tous.

L'assurance réciproque aussi étendue que possible pour un peuple est un besoin, une nécessité. Qu'est-ce qu'un gouvernement, si ce n'est une assurance contre le vol et le droit du plus fort? Et après nous être assurés contre le désordre des individus, contre les prétentions injustes des nations voisines, nous refuserions de nous associer contre des événements qui, eux aussi, nous menacent tous, peuvent enlever à chacun de nous ses prés, ses récoltes, son atelier, sa maison!

Aucun gouvernement jusqu'ici n'a regardé comme un devoir, comme un excellent calcul, l'assurance de toutes les propriétés matérielles, contre le feu et l'eau. Pour tous les gouvernements, quelle immense faute!

Si le gouvernement français déclarait aujourd'hui que, demain, toutes les propriétés particulières sont assurées par lui, il délivrerait les trois quarts de la nation d'un pénible souci; il se les attacherait par un lien de plus; il opérerait une révolution économique dont les bienfaits seraient très-grands et qui pourraient lui gagner plus de cœurs que la conquête de la Chine tout entière.

Et parce que le gouvernement n'assure pas, ce n'est pas seulement un malheur pour les particuliers qu'atteignent les sinistres, mais aussi pour le pays tout entier. Ce n'est pas seulement un devoir que nous ne remplissons pas, mais encore une sûre et profitable spéculation que nous négligeons de faire.

En effet, un cultivateur perd ses bœufs, ses prés, sa grange; un manufacturier, ses outils, son usine; un négociant, ses marchandises. Si le négociant, le manufacturier et le cultivateur ne sont pas secourus par le pays au moyen de ses capitaux accumulés, la production, la richesse, le bien-être du pays ne sont pas en progrès, mais diminuent, non pas chez les seuls entrepreneurs frappés, mais chez tous ceux qui les avoisinent.

Une faillite est-elle un bien pour une localité, pour un pays? Un incendie, une inondation ne le sont pas davantage. C'est parce que, malgré bien des institutions égoïstes, nous ne formons tous qu'une famille qui a un plus grand intérêt à faire prospérer n'importe quel producteur qu'à ne pas lui tendre la main dans le malheur.

C'était au gouvernement à faire les assurances contre le feu et l'eau ; c'est la spéculation qui s'en est emparée. Examinons ce qu'en a fait la spéculation.

Deux systèmes étaient à prendre ; ils ont été pris. Dans l'un, tous les intéressés sont associés ; c'est-à-dire, à la fin de chaque année, on évalue la somme des sinistres des sociétaires, et chacun, en raison directe de ses propriétés assurées, paye une part de cette somme.

Certes, ce mode d'association, en théorie, ne laisse rien à désirer. Mais, dans la pratique, il n'a pas donné tout ce qu'il promettait. En effet, d'une part, excepté pour les maisons de Paris, aucune association n'a pu s'étendre assez pour que chaque membre de l'association ne fût plus exposé à payer une somme considérable; et, d'autre part, leur direction, état-major paresseux ou avide, n'a pas donné l'exemple d'une bonne et sage administration : aussi le système mutuel, malgré le mérite de son principe, n'a pas encore réussi en France.

Dans le second système où, pour une somme déterminée, une société de capitalistes vous vend une promesse d'assurance, il y a encore de plus grands vices que dans le premier. Et d'abord, ici c'est une spéculation sans masque; c'est à peine un trafic tolérable. Expliquons-nous.

Évidemment toutes les Sociétés d'assurance à primes ont intérêt à recevoir le plus de primes possible et à payer le moins possible de sinistres.

Une police machiavélique à la main, elles reçoivent beaucoup et donnent peu. Qu'on en juge par les clauses mêmes de leur police :

ART. 1er. — On ne garantit pas les objets perdus ou volés.

ART. 2. — Le chiffre de la somme assurée n'est pas même une présomption de la valeur réelle du risque.

ART. 3. — Dans plusieurs cas on ne garantit que quatre conséquences de la perte.

ART. 4. — La prime est portable. En cas de retard de payement, il y a déchéance sans mise en demeure. La confiscation est érigée en principe ; les primes payées même par anticipation, en cas de résiliation, demeurent acquises à l'assureur.

ART. 5. — Une déchéance inexorable est

prononcée contre l'assuré qui oublie de dire en quelle qualité il agit. C'est à lui de déclarer sous la même sanction les contiguïtés et les circonstances de détail qui peuvent aggraver le risque; de sorte que si elles sont occultes, si l'assuré n'est pas apte à les apprécier, si elles surviennent pendant son absence, il sera de même déchu.

ART. 7, 8, 9, 10. — Il est obligé à toute occasion de remettre son titre aux mains de l'assureur pour y mentionner des déclarations de changement ou modifications, et rien dans ce cas ne le garantit contre les dispositions de l'art. 1282 du Code civil. Il y a des temps transitoires où l'assureur n'est pas obligé, tandis que l'assuré continue de l'être, ce qui est contraire à l'essence du contrat synallagmatique.

ART. 11. — Il y a même des cas où l'assureur se joue de la sainteté du contrat, et peut, sans qu'aucune réciprocité vienne compenser ce droit, réduire ou annuler l'assurance.

Art. 14 et 24. — Tous les délais de rigueur sont contre l'assuré, aucun contre l'assurance.

Art. 23. — Les frais d'arbitrage, s'il y a litige, au lieu d'être, comme de droit, *pœna temere litigantium*, retombent pour moitié sur l'assuré même qui aurait été affligé d'un mauvais procès. Le préliminaire de conciliation est décliné, et les arbitres ne sont pas amiables compositeurs, ce qui semblerait être un contrat de bonne foi.

Art. 24. — L'assureur, en s'obligeant à payer comptant, ne fait que ce qu'il doit; mais il fait ce qui ne devrait pas être, en ne stipulant pas de dommages-intérêts dans le cas où, par d'injustes retards du fait de l'assureur, l'assuré se trouverait compromis ou ruiné.

Enfin, en stipulant qu'il pourra résilier les polices qui auront été frappés d'un sinistre même léger, il n'entend assurer que ce qui ne brûlera pas.

Est-ce tout? Pas encore. Non-seulement, comme on le voit, les Sociétés à primes imposent des conditions arbitraires, abusives aux assurés, mais encore, si dans la plupart des Sociétés à primes il survenait de grands sinistres, les assurés n'auraient presque rien, peut-être même rien du tout. En effet, le capital social, que l'on jette sans cesse aux yeux du public, n'est pas *réalisé* tout entier, il ne le sera que *s'il y a lieu!!!*

Voyez les statuts de deux ou trois de nos meilleures Compagnies.

Et si tout le capital social ne suffisait pas? On le sait, dans la société anonyme, — moyen légal, a-t-on dit, de faillir impunément, — nul n'engage indéfiniment sa fortune personne e.

Ainsi donc, les deux modes d'assurance aujourd'hui pratiqués, en France, ne répondent pas aux besoins, aux nécessités du pays. Dans l'un, il n'y a pas de possibilité d'obtenir assez d'associés pour réduire autant que possible la somme à payer par tous les sinistres d'un seul, et dans l'autre on ne trouve que d'avides spéculateurs, ne reculant devant aucune chicane pour toucher des primes et ne pas rembourser les sinistres.

En un mot, il y a lieu de réformer ce qui est, de chasser les brocanteurs du temple et de créer enfin une institution d'assurances générales pour tous et au profit de tous.

Et qu'on l'examine de près! Avec notre immense organisation financière, le gouvernement peut établir un système complet et parfait d'assurances, sans rien dépenser, promptement et facilement.

L'établira-t-il? Oui, si on le lui demande; — non, si l'on continue à ne pas se plaindre du régime actuel.

Je terminerai ces quelques mots sur l'assurance par l'émission d'une idée que les méchants qualifieront peut-être de saugrenue.

Je voudrais voir fonder une nouvelle com-

pagnie assurance-vie sur des bases entièrement nouvelles.

Jusqu'à présent, ç'a été la coutume des
compagnies d'assurance d'assurer ceux qui
sont forts et en bonne santé, et de refuser
leurs services aux faibles et aux lympha-
tiques. On a eu tort, et je suis d'avis que
si on lançait une compagnie sur mon principe, ce serait un succès monstrueux, une
fortune colossale pour ses fondateurs. —
Qu'on évite l'homme robuste comme un
piége, comme une déception. On ne peut en
effet compter sur lui, il a la mauvaise habitude de mourir juste au moment où, de par
toutes les règles de la science médicale et les
calculs d'actuaires, il devrait être dans les
conditions de santé les plus favorables, tandis qu'au contraire le jeune homme délicat
dont il semblerait qu'on pouvait s'attendre à
voir l'enterrement avant la trentaine, désap-
pointe amis et connaissances en vivant jusqu'à l'âge de quatre-vingt-quinze ou cent ans.

Mais, pour en revenir à notre sou, que j'ai laissé cette fois, je le crains, un peu loin en arrière, et à l'incendie, ce dernier m'avait vivement impressionné, je n'étais plus tranquille, mon sommeil même était troublé, et vous comprendrez aisément que je n'eus plus guère de repos que lorsque je me trouvai en possession de ma police d'assurance.

Je calculai que le payement annuel d'une somme de 60 francs couvrirait l'assurance contre l'incendie de marchandises d'une valeur de 20,000 francs, ou cinq cent mille pièces d'un sou. A cette époque, cette somme suffisait pour payer l'assurance de mon fonds général de commerce ainsi que celui de mon sou qui allait toujours et toujours s'augmentant.

Je résolus donc de consacrer annuellement douze cents sous à la protection de toutes mes autres pièces de cinq centimes, de commettre les premiers qui étaient la petite somme à la sauvegarde de la plus grande

contre une des plus grandes causes de destruction et de ruine qui existent, et dès le
moment où je conclus cette assurance, je
découvris que la valeur de chaque sou en
ma possession avait augmenté en proportion
que j'avais diminué ses chances de destruction.

C'était mon sou qui avait été chargé de
subvenir au payement de cette prime d'assurance. Je lui faisais ainsi donner compen-
sation à mon autre commerce pour les
faveurs qu'il en avait reçues jadis.

L'accident qui avait eu des conséquences
si funestes pour mon ami le pharmacien me
poussa non-seulement à assurer mon bien
contre l'incendie, mais aussi à garantir ma
famille contre les effets d'une autre calamité
qui, hélas ! devait arriver tôt ou tard, laquelle
calamité, dans le cas où elle ne m'aurait pas
trouvé suffisamment préparé, aurait eu des
conséquences trop terribles pour me permettre d'y songer et à la fois me sentir à

l'abri, dès le moment où l'importance du sujet se fut révélée à moi.

La rue sur laquelle donnait ma boutique était proche du cimetière. Presque chaque jour j'entendais sonner le glas des morts, et bientôt après un enterrement passait sous mes fenêtres. J'avais une femme que j'adorais, des enfants chéris, la vérité tout entière ne fut pas longue à se dévoiler dans toute sa funèbre réalité. Mon tour de prendre le chemin du cimetière était proche peut-être. Que deviendraient alors ma femme, mon fils, mes filles, la première âgée et déjà infirme, mon fils trop jeune pour me remplacer, mes filles qui n'avaient de connaissance de la vie que ce qu'on peut en voir par le trou d'une aiguille à ravauder? Je n'avais vu déjà que trop d'exemples des résultats de l'abandon de jeunes filles sans protection.

Je regardai ma petite fenêtre que mon sou avait garnie de marchandises maintenant de prix, je regardai dans ma caisse, je parcourus mes comptes, mon carnet de banque, et je déterminai que mon sou garantirait mes enfants contre la plus grande calamité qui pouvait fondre sur eux, la mort de leur père, la perte de leur seul ami, de leur seul protecteur en ce monde.

Ce fut au mois d'avril 1875 que je conclus cette assurance, j'avais alors quarante-cinq ans. En parcourant les tables d'assurances je vis que moyennant un payement annuel de 1,000 francs, je pouvais m'assurer une somme de 10,000 francs dans le cas où j'atteindrais l'âge de cinquante-cinq ans, et qu'en cas de mort avant cet âge, ces 10,000 francs seraient versés à ma famille.

Par cette transaction, je ne faisais en somme que placer 1,000 francs par an, qui devaient m'être rendus dans dix ans, et l'intérêt de cette somme servirait à couvrir la compagnie d'assurance du risque de ma mort. En agissant ainsi, je garantissais 10,000 francs à ma famille, dans le cas où je n'aurais pas vécu assez longtemps pour partager avec eux la joie de recevoir cette somme.

Je calculai que le payement de cette prime, quoique onéreux, était cependant inférieur aux profits que je réalisais par mon sou. Je conclus donc cette assurance avec une de nos meilleures compagnies, et je ne saurais vous exprimer, monsieur, quelle immense satisfaction je ressentis à la vue de ce que ce sou venait d'accomplir pour ma famille.

Je vous ferai remarquer maintenant que lorsque je résolus, plaçant un sou à son meilleur avantage, en dehors de mon commerce général, d'ajouter les profits au principal et de n'en jamais rien déduire en quelque circonstance que ce fût, je n'avais pas l'intention cependant d'exclure l'usage de ces parties de mon capital qui étaient nécessaires à la sécurité du tout ou tributaires de l'accomplissement du plan que je m'étais tracé.

La somme que je payais pour l'assurance de mon bien contre l'incendie mettait mon capital à l'abri de ce formidable élément, le feu, tandis que celle que je payais à l'assurance-vie empêchait ce terrible visiteur, la mort, de venir spolier ma famille des bénéfices de mon entreprise.

Vous comprendrez aussi qu'après les mesures de sécurité que je venais de prendre, mes opérations commerciales durent se trouver pendant quelque temps tant soit peu limitées. En effet, mes occasions de faire de l'argent par l'escompte étaient moins fréquentes, celles de conclure des marchés avantageux au comptant plus rares, et celles de faire fructifier mon argent par l'intérêt avaient été remises à plus tard par le payement de ces primes et l'entretien de mon fonds de commerce, débours qui ensemble absorbaient nécessairement une portion considérable de mon capital.

Malgré tout cela, pourtant, j'étais heureux,

mon cher monsieur, et n'avais-je pas tout droit de l'être? Voyez ce que mon sou avait accompli pour moi en un peu plus de deux ans. Un sou avait assuré à ma famille une somme de 10,000 francs, dans le cas où je viendrais à mourir, et tout en me rendant cet énorme service il n'avait pourtant rien retiré de mon capital en perspective, qui n'eût chance de me revenir[1].

[1] A ceux qui voudraient imiter Prosper Cinkétrois et réaliser davantage dans le même nombre d'années, je ferai connaître une Société parisienne qui me semble avoir un bel avenir devant elle, je veux parler de la *Garantie foncière*.

Cette société a un double but, celui de mettre la propriété à la portée de tous ses adhérents et celui de constituer des capitaux à ceux d'entre eux qui préfèrent la formation d'un capital à celle d'une propriété.

Dans cette société, en versant chaque mois 20 francs pour acquitter les mensualités de quarante bons de capitalisation de 500 francs, on peut se constituer 20,000 francs en une moyenne de dix-huit années, moyenne du reste qui sera réduite à dix ou douze années, à cause des bénéfices importants que cette société attend.

On peut encore, ce qui est préférable, se constituer cette somme pour rien, sans aucun sacrifice, en exigeant des coupons fonciers d'escompte de chacun de ses fournisseurs, et en abandonnant ceux qui n'en délivrent pas.

La *Garantie foncière* accepte ces coupons en payement, à 5 0/0 de leur valeur nominale.

Je ne dirai rien de la *Fourmi*, tout le monde la connaît.

J'étais si heureux que je devins d'une gaieté folle, encombrante même, et mes clients eux-mêmes ne tardèrent pas à remarquer le grand changement qui s'était opéré chez moi.

C'est que la figure des gens reflète souvent la condition de leur caisse. Ah! n'allez pas vous imaginer en moi quelque pâle Harpagon, pesant son or de ses mains osseuses, un grippe-sou, n'ayant d'autre passion que l'amour du lucre, et d'autre but que son bien-être personnel.

Tel ne fut pas sur moi l'effet produit par mon système de culture. Au contraire, la tranquillité d'esprit, le bien-être que j'éprouvais du fait de me savoir à l'abri dans mon humble position, ne me rendit que plus gai et plus frugal chez moi, que plus généreux et que plus affable au dehors.

Dans ceux de ces actes de charité qui se présentèrent à moi dans la limite de mes moyens, je sentais que la valeur de l'argent que je donnais ennoblissait en quelque sorte mon offrande, et je n'en étais que plus heureux d'avoir pu conférer un bienfait substantiel.

La prospérité rend-elle sordide le fermier qui a fait une bonne récolte? Non. Il appelle ses amis autour de lui, il traite ses travailleurs avec générosité, et il permet au pauvre de ramasser çà et là quelques grains éparpillés.

Le cultivateur de sous imitera le fermier, il sera bon et charitable à cause de son succès, tandis que ses exemples d'industrie, de frugalité et de probité feront rayonner autour de lui une influence salutaire.

Le lecteur verra aussi par l'histoire de ce sou que l'honnêteté est la meilleure tactique. La fraude, en vérité, n'a généralement d'autre résultat que de ruiner celui qui la met en pratique. Exemple : un marchand qui fait de bonnes affaires par la vente de quelque produit spécial se dira follement : Si je pouvais falsifier ceci sans que ma fraude soit découverte, mes profits augmenteraient en proportion. Il commet la fraude et se réjouit en lui-même du résultat. Mais d'une façon ou d'une autre, et quoique la fraude n'ait pas été soupçonnée, la demande pour ce produit a baissé, il n'a pas donné satisfaction, et les profits baissent bientôt considérablement au-dessous de leur premier chiffre.

Dans le commerce, l'honnêteté est soumise à des épreuves que le fermier, l'artisan heureusement pour eux ignorent, épreuves d'autant plus réelles que nous savons tous combien faux et passager est le succès obtenu par la pratique du mal. Voilà des siècles que les hommes répètent sans cesse cet axiome : « L'honnêteté est la meilleure politique. » Mais combien y en a-t-il qui croient fermement à cet axiome? Combien y en a-t-il sur cent personnes qui croient fermement qu'un homme qui se trouve dans des difficultés d'argent, et qui pourrait se dépêtrer de ses dettes par une nuit passée au cercle, serait assez stupide pour refuser cette chance? Il est si facile d'être honnête superficiellement, qu'en l'absence d'aucune forte tentation à la fourberie, beaucoup de gens, qui ne sont en réalité que des chenapans en graine, ne s'en sont pas encore doutés.

L'honnêteté est le pilier qui soutient la bonne réputation du marchand; retirez ce pilier, et l'édifice entier s'écroulera dans la ruine. Il est fort possible, il est même reconnu que des hommes sans foi ont réalisé des fortunes dans le commerce; mais ce ne sont là que des exceptions à la règle générale, et leur succès éphémère a été la conséquence de quelque bonne qualité qu'ils possédaient, et non la conséquence du manque de la meilleure de toutes.

C'est en vain, croyez-moi, qu'un homme s'efforcera de faire de l'argent ou même de vivre par le commerce, une fois que ses voisins, ses pratiques auront découvert à leurs dépens qu'on ne peut compter sur sa parole,

que ses données du prix et de la qualité de
ses marchandises ne peuvent être acceptées
en confiance.

Commerçants, un mot encore. Faites de
l'argent, des monceaux d'argent, mais gagnez
cet argent honorablement. Élevez le commerce! Souvenez-vous que plus il y aura
de moralité dans le commerce, plus aisé il
sera d'y gagner de l'argent. N'écoutez pas
les gens qui vous parleront de la bassesse
ou de la nature corruptrice du commerce.
C'est parce que les hommes le veulent bien
qu'ils sont corrompus, ce sont leurs actions
déloyales qui flétrissent le commerce. Que
tout homme qui croit au bien s'y retranche,
prenne position et s'y maintienne! Loin de
vous ces tours, ces ruses et ces détours semblables à ceux du serpent qui se traine hon-
teusement sur le ventre parce qu'il ne peut
marcher. Flétrissez du nom de voleur tout
homme qui viole la confiance ou abuse du
crédit. N'oubliez pas que vous aussi vous

avez votre rôle dans la sauvegarde de l'honneur de la France, et que si vous êtes trompeurs, déshonnêtes et sans foi, cela rejaillira à l'étranger sur votre pays. Que vos comptoirs et magasins soient temples voués au culte de l'honneur! Faites qu'il soit comme écrit au-dessus de vos porches : « Quiconque franchit ce seuil est sauf. » Faites enfin que l'on dise du commerce français ce que sut mériter cette ancienne Tyr dont les marchands étaient les princes et les trafiquants les plus honnêtes de la terre!

. . . .

. . . .

Un autre événement de grande importance dans l'histoire de mon sou, quoiqu'il ne soit pas donné ici tout à fait dans l'ordre précis où il se présenta, car il y a beaucoup de faits de peu d'importance qu'il n'est pas nécessaire de relater, ainsi que d'autres d'un caractère général dont les principes seuls sont nécessaires à mon récit, eut lieu en relation à la maison que j'habitais, et voici dans quelles circonstances :

En l'année 1881, mon propriétaire perdit un procès dans lequel il était engagé depuis quelque temps, et les conséquences de la perte de ce procès furent que plusieurs maisons, au nombre desquelles se trouvait la mienne, furent mises en vente. Je payais un loyer de 600 francs, et lorsqu'on m'annonça cette vente aux enchères, je me promis d'acheter cette maison, si faire se pouvait.

Mes arrangements avec le propriétaire étaient que je pouvais avoir à quitter sur un congé de trois mois, — en un mot, je n'avais point fait de bail, — et en admettant que je ne puisse obtenir de son successeur des conditions aussi avantageuses, ou encore, et ce qui pouvait fort bien arriver, que ce dernier me donnât congé dès son entrée en possession, quel aurait été alors le sort de mon sou, de mon petit commerce?

Je pensai que 600 francs par an valaient bien un débours de 6,000 francs. Cette première somme était de fait l'intérêt à 10 0/0 de la seconde.

Je conviens que c'était demander là une forte somme à mon sou, surtout après ce qu'il venait de contribuer au payement de mes primes d'assurance; mais mon sou, je l'ai déjà dit, était prolifique, il se reproduisait avec une rapidité étonnante; et quoiqu'il ne fût peut-être pas à cette époque en situation de m'acheter ma maison, il pouvait cependant, ajouté à ce que j'aurais pu obtenir de diverses sources, me permettre d'en faire l'acquisition au prix de 6,000 fr., somme, du reste, que je m'étais promis de ne pas dépasser.

C'était une pièce de monnaie enchantée que ce sou. Profits, escompte, intérêt, achats avantageux au comptant, en avaient fait une véritable Poule aux œufs d'or. Je ne pouvais arrêter sa reproduction. Du moment que j'avais soin de ne point perdre une seule de ses aptitudes reproductrices, mais que je continuais, au contraire, à renforcer l'arbre en consolidant le tronc, je ne pouvais voir comment on aurait pu le déraciner ou l'abattre, et si jamais j'avais eu des doutes sur le succès de mon entreprise, ces doutes se seraient bientôt dissipés devant les progrès sûrs et graduels que je faisais.

Mais l'époque de la vente se trouva m'être des plus favorables. L'argent était rare. Quelques passants s'arrêtèrent devant ma maison et lorgnèrent avec mépris la pauvre petite fenêtre « *rabougrie* », comme ils l'appelaient, cette petite fenêtre qui pourtant m'avait fait ce que j'étais, « *la petite boîte* » ; ils ne voyaient pas que, si elle paraissait *petite, cette boîte,* c'est qu'elle était bondée de marchandises.

Pour rien au monde, je n'aurais voulu leur laisser deviner l'anxiété que j'éprouvais à les voir discuter ainsi la valeur de mon immeuble; aussi, pendant tout le temps qu'ils restèrent devant moi, m'occupai-je à faire des paquets d'une foule de marchandises qui ne m'avaient point été commandées, juste pour leur faire croire que j'étais indifférent.

Le jour de la vente arriva enfin.

— Y serez-vous? me dit M. X..., le boulanger, comme il passait devant ma porte dans son cabriolet.

— Peut-être, — juste pour voir ce qui se passe. — Êtes-vous acheteur? ajoutai-je.

J'avais une peur bleue de ce boulanger, car, comme presque tout boulanger, il avait des écus; c'était un des Crésus de l'endroit.

— Très-possible, répondit-il, et il repartit avec un claquement de fouet de mauvais augure, qui me cingla le cœur.

Mon pauvre sou! Combien j'aurais voulu te voir plus riche! J'aurais bien renchéri d'un ou de deux milliers de francs encore, si tu avais pu me le permettre, mais com-

ment, comment résister au riche boulanger
et à son cabriolet?

Telles étaient les tristes pensées qui me
traversaient l'esprit.

Cependant l'heure de la vente approchait.
Toutes sortes de gens s'y étaient donné
rendez-vous. On devait disposer de plusieurs lots avant d'en venir à ma maison, et
je priai avec ferveur pour que tous ceux qui
eussent de l'argent l'aient dépensé avant
que mon petit domicile soit venu au sacrifice.

Le boulanger, vêtu d'un paletot nankin
et d'un pantalon idem, les manches du premier trop longues et *celles* du second trop
courtes, l'air mal à l'aise, comme s'il avait
été dans une crise perpétuelle d'étonnement
de se voir un jour de semaine une apparence aussi huppée, entra au trot de son
poney, il le fit ensuite trotter au dehors, ce
mirifique poney; puis il revint encore, au pas
cette fois, comme pour juger plus à son aise
de l'effet produit par son entrée *cabriolée!*

Je fus sur le point de me trouver mal.

Rassemblant pourtant ce qui me restait de forces, je courus au logis, je consultai mon carnet de banque, je passai quelques instants dans un fiévreux tête-à-tête avec mon sou.

Il me fit savoir jusqu'à concurrence de quelle somme je pouvais enchérir, tout en restant dans les limites de la prudence.

Je revins à la vente.

Allant droit au boulanger : Voilà ce qui vous conviendrait, lui dis-je, et au même temps je lui indiquai sur le catalogue une rangée de maisons qui était située en face de ma boutique. Je pensai que si j'avais pu arriver à lui faire dépenser tout ce qu'il avait d'argent disponible avant qu'on en soit venu à la vente de ce que je considérais déjà un peu comme mon bien, ç'aurait été pour moi une chance de plus de le conserver.

Mais soit que M. X... n'eût pas alors de fonds disponibles, soit que les immeubles n'aient pas été appréciés à leur juste valeur, les lots ne se vendirent que lentement et à bas prix.

14ᵉ lot! cria-t-on enfin.

— Nous y voilà, fis-je tout tremblant. Allons, sou, courage! et de ton mieux.

Je ne faisais aucun signe d'enchérissement, et le commissaire-priseur s'était à peine aperçu de ma présence.

L'attente fut longue, douloureuse. Personne n'enchérissait.

— Vous ai-je bien compris? fit enfin ce dernier s'adressant à moi.

D'un air sournois je lui fis signe que oui, car pour rien au monde je n'aurais voulu que quiconque que celui qui tenait mon sort au bout de son marteau ait pu voir la piteuse mine que je faisais alors.

— Pas d'enchérisseurs??? Toc!!! Adjugé! Ouf!!!

Moyennant 3,200 francs je m'étais rendu acquéreur de la maison, et mon sou était à même de payer à lui seul la somme entière.

. . . .

Jugeant par les progrès rapides accomplis dans les premières années de la culture de ce sou, vous pourriez être porté à supposer que ces progrès auraient dû, dans la suite, être plus rapides qu'ils ne paraissent l'avoir été. Ce serait là une erreur grave contre laquelle il est juste que je vous prémunisse, afin d'empêcher vos lecteurs de faire fausse route, quand ils essayeront de mon système.

Dans quelque commerce que vous soyez engagé, il ne faut jamais oublier qu'il y aura des moments d'activité et des moments de calme plat. Des milliers de gens se ruinent parce qu'ils n'observent pas cette loi des affaires humaines.

Je m'expliquerai plus clairement encore, en disant que je ne pouvais accomplir chaque année des progrès aussi grands que l'avaient été ceux faits dans les premiers quatre ans. En effet, chaque nouvelle transaction que je faisais amoindrissait mes chances futures. Je ne pouvais employer qu'une fenêtre à la mise à exécution de mon caprice, je n'en pouvais ajouter une nouvelle tous les ans. Les articles qui entraient dans mon commerce étaient en nombre limité, la population de notre ville, les besoins et les moyens de cette population l'étaient aussi, et il y avait également une limite à mes forces.

Je crois que c'est au fait d'avoir reconnu ceci à temps que je dus mon succès. Cela m'empêcha de forcer mon plan, et de perdre dans des efforts fiévreux et imprudents ce que des circonstances favorables m'avaient permis d'amasser. Les cinq premières années de mon essai ; je les avais passées à bâtir, les autres, à consolider. Il sera de l'avantage de chacun de prendre contre un mouvement rétrograde les mesures que je pris moi-même.

. . . .

. . . .

Le fermier ensemence sa terre, et pendant quelque temps la petite graine est cachée à tous les regards. Au bout de quelques semaines, cependant, on voit le sol dur se fendiller et, bientôt, on commence à remarquer à la surface des petits brins d'herbe, mais si minces, si menus qu'ils paraissent à peine capables de supporter le poids d'un moucheron. De jour en jour, pourtant, ces brins d'herbe sont devenus plus visibles, si bien que la terre, autrefois brunâtre, commence maintenant à se draper dans une sorte de gaze verte à travers laquelle on peut encore, de temps en temps, distinguer la couleur du terroir. La verdure est devenue plus fournie, sa couleur plus foncée, et le passage de la brise produit maintenant un léger bruissement à travers l'herbe soyeuse. Ces brins d'herbe ont grandi encore, ils sont devenus plus gros, et bientôt on voit, se faisant jour au sein de chaque bouquet de feuilles, quelque chose de plus rond, de plus lourd et de plus rigide que l'herbe qui le porte. De jour en jour ce petit rien se développe davantage, jusqu'au moment ou le blé, mûri, caressé par la brise, permet à de lourds épis de se courber sur leur tige et de se pencher amoureusement sur le sillon comme pour baiser cette terre qui leur donna l'existence.

Combien il aurait été ennuyeux, difficile, de suivre d'un œil vigilant la croissance de ce grain de blé depuis le moment où on le confia à la terre, jusqu'à celui où il tomba sous la faucille du moissonneur! Et pourtant, le voilà prêt à aller remplir de son abondant produit le grenier du fermier.

De même pour mon sou. Il aurait été impossible de fixer votre attention sur mon récit à travers une longue suite de détails d'un intérêt secondaire, suffisamment indiqués, du reste, par les traits caractéristiques qui jalonnent les différentes phases de son histoire.

Au commencement de l'année 1873, je semai mon sou, je commençai mon expérience, et en l'année 1885, au mois de juillet, je reçus sur ma police d'assurance une somme de 10,000 francs, laquelle, jointe au prix d'achat de ma maison et aux profits que j'avais réalisés dans mon commerce, se montait à une somme de 23,427 francs et quelques centimes.

Tout cela, c'était le produit d'un sou semé judicieusement, cultivé avec persévérance, protégé avec soin, et que j'avais laissé fructifier continuellement.

C'est mon fils aîné qui a maintenant la gérance de mon commerce, mes filles sont mariées, ma femme, quoique faible de santé, est, Dieu merci, encore de ce monde, et mon sou, le sou magique avec lequel je commençai, forme, richement encadré, le principal ornement de ma cheminée. Ce sou, je le perdis une fois; mais j'eus la chance de le voir me revenir après une absence de quelques années, et dès lors je résolus de ne jamais plus m'en séparer.

Et maintenant voici le lecteur arrivé au bout de ce récit, et peut-être avec des doutes encore sur la possibilité de ce que j'avance. Cette histoire est-elle vraie? se demandera-t-il, y eut-il jamais tel homme, telle boutique? Peut-on vraiment convertir des sous en un monceau d'or? Un sou peut-il vraiment devenir 20,000 francs?

De tous les mots qui forment la langue française, de toute la force d'argument, de toutes les fleurs de rhétorique et les figures de déclamation que l'on peut produire par la combinaison du langage le plus puissant avec les idées, un mot me suffira pour répondre à tous ces doutes : ESSAYEZ!

FIN

APPENDICE *A*

PROJET DE DÉCRET

RELATIF A LA CRÉATION DE COMITÉS POUR L'APPROVI-SIONNEMENT A BON MARCHÉ DES CLASSES PAUVRES ET L'ENCOURAGEMENT DE LA PRÉVOYANCE.

Considérant qu'il importe de mettre un terme, d'un côté à la situation fâcheuse et injuste faite aux classes ouvrières, situation qui veut que dans l'état actuel des choses, *plus on est pauvre, plus on paye cher les objets de première nécessité,* et de l'autre, à l'imprévoyance fatale de ces classes ouvrières, imprévoyance qui engendre continuellement la misère, l'Assemblée décrète :

ART. PREMIER. — Dans toutes les villes de France, il sera organisé des *comités d'approvisionnement* dans l'intérêt des classes pauvres. Ces comités achèteront en gros, au meilleur prix, toutes les denrées nécessaires à l'alimentation *susceptibles de conservation,* telles que vins, cidres et bières, légumes, etc., et les céderont en détail au prix coûtant, majoré seulement des menus frais de magasinage et de traitement des préposés.

Art. 2. — Seront seules admises à se fournir aux comités d'approvisionnement, les personnes à même de produire : 1° une quittance prouvant que leur loyer actuel est inférieur à 500 francs; 2° un certificat de la Caisse des retraites, d'une Société de secours mutuels ou de toute autre Société dûment autorisée, constatant qu'elles ont fait et continuent de faire à la Caisse des retraites ou à la Caisse de ces Sociétés des versements suffisants pour leur garantir une indemnité d'au moins 15 francs par semaine en cas de maladie, d'accident ou de chômage, et une rente viagère d'au moins 400 francs par an, à partir de l'âge de soixante-cinq ans.

Art. 3. — La vente sera faite au comptant.

Art. 4. — Les premiers fonds nécessaires pour l'approvisionnement d'un mois seront fournis par le percepteur du canton et remboursés par le comité dans le délai de deux mois au plus.

Art. 5. — Les ministres de l'intérieur et des finances sont chargés, chacun en ce qui le concerne, de prescrire les mesures qu'ils jugeront les plus convenables pour atteindre le but proposé.

APPENDICE *B*

EXTRAITS DES OPINIONS DE LA PRESSE
SUR LA *VIE A BON MARCHÉ*

DONNÉS A SEULE FIN QU'ON NE CONSIDÈRE PLUS CET OUVRAGE COMME
UN VULGAIRE LIVRE DE CUISINE.

« Il suffirait à un homme sensuel de lire la *Vie à bon marché* pour devenir végétarien par sensualité. »

(*L'Intransigeant.*)

« La *Vie à bon marché* est une ingénieuse et spirituelle défense du végétarisme. »

(*Revue scientifique*, 24 janvier 1885.)

« Les idées de M. Tanneguy de Wogan sont-elles chimériques ? Oui et non. Oui, car je crois que le Luther qui ramènera l'Européen à la cuisine primitive n'est pas encore né. Non, car je les ai vues pour ma part appliquées par un peuple de trente-six millions d'âmes. »

(*Le Temps*, 7 février 1885.)

11.

« A lire dans les dernières publications de la maison E. Plon, Nourrit et C^le, la *Vie à bon marché*, œuvre curieuse de M. Tanneguy de Wogan, véritable traité d'économie sociale et domestique, un peu paradoxal peut-être, mais intéressant et bon à méditer. »

(*La France*, 13 février 1885.)

« Dans ces temps de détresse et d'appauvrissement général, ceux qui ont encore dix ou vingt sous par jour à leur disposition pour manger, feront bien de consulter le livre de M. Tanneguy de Wogan. »

(*Le Pays*, 13 février 1885.)

« Si la réclame que mon article est en train de tailler malgré moi à M. de Wogan peut faire son bonheur, je lui dirai volontiers le mot de ce pauvre Cham, de joyeuse mémoire : — Qu'il le soit ! — car tous les trésors de Golconde seraient impuissants à payer la manne de conseils que, pour quarante sous, ce petit volume fait pleuvoir sur l'humanité. »

(*La Paix*, 14 février 1885.) (Bruxelles.)

« M. Tanneguy de Wogan, président de la Société végétarienne de Paris, reprend et développe dans la *Vie à bon marché* la réforme qu'il avait indiquée dans un précédent ouvrage : *le Moyen de vivre pour dix sous par jour*. Ce livre est assurément très-curieux. L'auteur est convaincu que le végétarisme contient la solution de la question sociale, devenue le cauchemar de la société actuelle. »

(*La Paix*, 18 février 1885.) (Paris.)

« Ce livre est d'un éloquent et d'un convaincu. L'auteur a voulu réagir contre la coutume, actuellement trop généralisée dans les grandes cités européennes, de se gaver de viande sous prétexte qu'une nourriture animale est indispensable. »

(La Réforme du bâtiment, février 1885.)

———

« Nous ne sommes pas végétariens, mais nous avouons que la *Vie à bon marché* contient une foule de renseignements utiles, et qu'un régime simple et bon marché suffit pour l'alimentation du corps humain et contribue à donner à l'esprit plus de force et de lucidité. »

(Le Siècle, 7 mars 1885.)

———

« La *Vie à bon marché* nous paraît appelée à jeter un nouveau jour sur cette double question d'hygiène et d'économie ; son côté pratique la rattache de très-près aux questions sociales : santé et prolongement de l'existence, dépopulation des campagnes, agriculture, commerce, paupérisme ; tout cela, et bien d'autres choses encore, sera amendé plus ou moins, et plutôt plus que moins, par ce changement radical dans l'alimentation humaine. »

(Le Travail, 17 février 1885.)

———

« Tout ceci n'empêche pas le livre de M. Tanneguy de Wogan d'être fort intéressant : nous ne saurions trop engager nos lecteurs à le lire. S'ils ne deviennent pas végétariens, ils trouveront des recettes dont les cordons bleus tireront profit. »

(L'Aube, journal de Troyes, 5 avril 1885.)

———

« Nous recommandons vivement la lecture de la *Vie à bon marché*, non-seulement aux travailleurs peu aisés, mais aussi aux riches rhumatisants et goutteux, qui trouveront dans le végétarisme des guérisons inespérées. »

(L'Étendard, 7 février 1885.)

———

TABLE DES MATIÈRES

PARIS. TYPOGRAPHIE E. PLON, NOURRIT ET Cᵢᵉ, RUE GARANCIÈRE, 8.

www.ingramcontent.com/pod-product-compliance
Ingram Content Group UK Ltd.
Pitfield, Milton Keynes, MK11 3LW, UK
UKHW021924070726
13614UKWH00001B/227